学ぶ人は、
変えて
ゆく人だ。

目の前にある問題はもちろん、

人生の問いや、

社会の課題を自ら見つけ、

挑み続けるために、人は学ぶ。

「学び」で、

少しずつ世界は変えてゆける。

いつでも、どこでも、誰でも、

学ぶことができる世の中へ。

旺文社

高校入試

入試問題で覚える 一問一答 社会

改訂版

旺文社

もくじ

地理編

地球の姿 ……………………………… 6
日本の姿 ……………………………… 8
世界各地の人々の生活と環境 …… 10
アジア州 ……………………………… 12
ヨーロッパ州・アフリカ州 ……… 14
北アメリカ州 ……………………… 16
南アメリカ州・オセアニア州 …… 18
身近な地域の調査 ………………… 20
日本の地形 ………………………… 22
自然災害 …………………………… 25
日本の気候 ………………………… 26
日本の人口 ………………………… 28
日本の資源・エネルギー・環境… 30
日本の農林水産業 ………………… 32
日本の工業・商業・サービス業 … 34
日本の交通・通信 ………………… 36
九州地方，中国・四国地方 ……… 38
近畿地方 …………………………… 40
中部地方 …………………………… 42
関東地方 …………………………… 44
東北地方 …………………………… 46
北海道地方 ………………………… 48

歴史編

世界の古代文明と宗教 ………… 50
縄文・弥生文化と国ぐにの誕生… 52
聖徳太子の政治と
律令国家の成立 ………………… 54
奈良時代の暮らしと天平文化 … 56
平安京と摂関政治，国風文化 … 58
武士の台頭と鎌倉幕府…………… 60
鎌倉文化と元寇，南北朝の動乱… 62
室町時代の産業の発達と
室町文化 ………………………… 64
ヨーロッパ人との出会い ……… 66
織田・豊臣の統一事業，
桃山文化 ………………………… 68
江戸幕府の成立と鎖国…………… 70
江戸時代の改革，
農業や産業の発達 ……………… 72
元禄文化・化政文化 …………… 74
ヨーロッパの近代革命，
産業革命 ………………………… 76
開国と江戸幕府の滅亡…………… 78
明治維新と文明開化 …………… 80
自由民権運動の高まり ………… 82
日清戦争・日露戦争 …………… 84
日本の近代産業と
第一次世界大戦 ………………… 86

アジアの民族運動と
大正デモクラシー ……………… 88
世界恐慌と日本の中国侵略 …… 90
第二次世界大戦と戦後改革 …… 92
新たな時代の日本と世界………… 94

公民編

現代社会と私たちの生活………… 98
人権思想の発達と
日本国憲法………………………100
日本国憲法とさまざまな人権 ……102
現代の民主政治 …………………104
国会と内閣 ………………………106
裁判所，三権分立 ………………108
地方の政治と自治 ………………110
私たちの生活と経済 ……………112
生産と労働………………………114
価格のはたらきと金融 …………116
財政 ………………………………118
国民生活と福祉，環境 …………120
国際社会の中の日本 ……………122
国際連合と国際協力 ……………124
国際問題と私たち ………………126

資料編

地球の姿 …………………………130
よくでる地図 ……………………132
よくでるグラフ（地理編）…………136
歴史年表 …………………………140
よくでる人物 ……………………144
よくでる文化 ……………………150
よくでるグラフ（公民編）…………152
よくでる数字としくみ図 …………154
よくでる日本国憲法条文 …………159

STAFF
●装丁:内津剛（及川真咲デザイン事務所）
●本文デザイン:前田由美子（有限会社アチワデザイン室）
●本文イラスト:駿高泰子
●編集協力:有限会社編集室ビーライン
●校閲:須藤みどり
　株式会社東京出版サービスセンター
●写真提供:飛鳥園　アフロ　宮内庁正倉院事務所
国立国会図書館　慈照寺　相国寺　徳川美術館所蔵
©徳川美術館イメージアーカイブ／DNPartcom
日本写真著作権協会　姫路市
広島市都市整備局緑化推進部公園整備課
福岡市博物館　法隆寺
ColBase（https://colbase.nich.go.jp/）
Image:TNM Image Archives

社会情勢の変化により，掲載内容に違いが生じる事柄があります。
二次元コードを読み取るか，下記URLをご確認ください。
https://service.obunsha.co.jp/tokuten/jiji_news/

本書の特長と使い方

本書は，高校入試に出題された問題をもとに作成した一問一答形式の暗記本です。問題の答えや覚えておくべき部分が赤色になっているので，付属の赤セルシートで隠しながら確認しましょう。

関連する問題が出題された都道府県です。

地理編
歴史編
公民編

地理，歴史，公民の順に単元ごとに重要事項を一問一答形式の問題でまとめています。

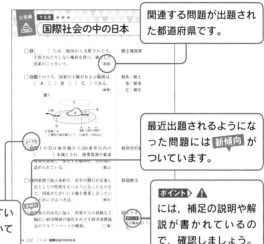

最近出題されるようになった問題には **新傾向** がついています。

試験で特に出題されやすい問題には，**よくでる** がついています。

ポイント ⚠
には，補足の説明や解説が書かれているので，確認しましょう。

資料編

よくでるグラフや人物など，まとめて覚えておくべき資料を収録しています。

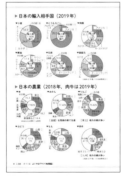

▶ 日本の輸入相手先（2019年）

▶ 日本の農業（2018年，肉牛は2019年）

よくでる人物

※本書に掲載されている問題の多くは，高校入試に出題された問題をもとにしています。入試に出る重要事項をよりスムーズに暗記できるよう，実際の入試問題から一問一答形式の問題を作成しています。

地理編

地球の姿……………………………… 6

日本の姿……………………………… 8

世界各地の人々の生活と環境 …… 10

アジア州 …………………………… 12

ヨーロッパ州・アフリカ州 ……… 14

北アメリカ州 ……………………… 16

南アメリカ州・オセアニア州 …… 18

身近な地域の調査 ………………… 20

日本の地形 ………………………… 22

自然災害 …………………………… 25

日本の気候 ………………………… 26

日本の人口 ………………………… 28

日本の資源・エネルギー・環境 … 30

日本の農林水産業 ………………… 32

日本の工業・商業・サービス業 … 34

日本の交通・通信 ………………… 36

九州地方，中国・四国地方 ……… 38

近畿地方 …………………………… 40

中部地方 …………………………… 42

関東地方 …………………………… 44

東北地方…………………………… 46

北海道地方 ………………………… 48

地球の姿

よくでる

□ ❶地球の面積を10とした場合，海洋と陸地の面積の割合は，海洋がおよそ［　**A**　］割，陸地がおよそ［　**B**　］割である。〈宮崎〉

❶A：7
　B：3

よくでる

図

□ ❷図の㋐の緯線。〈北海道〉

❷赤道

□ ❸地図Ⅰの**ア**の大陸の名称。〈静岡〉

地図Ⅰ

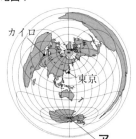

カイロ

東京

ア

❸南極大陸

□ ❹地図Ⅰ中の，東京から見たカイロの方位。〈岩手〉

❹北西

□ ❺地図Ⅱの**ア**，**イ**の大陸の名称。〈佐賀〉

地図Ⅱ

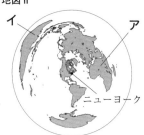

イ

ア

ニューヨーク

❺ア：アフリカ大陸
　イ：オーストラリア大陸

(よくでる)

☐ ⑥地図Ⅲのア，イは，地図上では同じ長さだが，実際の距離はアの方が長い。このように，**地図Ⅲ**は［　　　　］になるほど，緯線上の直線距離が実際より長く表される。

〈宮崎〉

地図Ⅲ

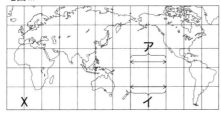

(よくでる)

☐ ⑦地図Ⅲ中の大陸の中で，三大洋のすべてに面する大陸の名称。 〈埼玉〉

☐ ⑧地図Ⅲ中のⅩが示す，ロンドンを通り，経度の基準となっている経線。 〈福島〉

(よくでる)

☐ ⑨兵庫県明石市は，日本の［　　　　］が通っている。 〈栃木〉

☐ ⑩地図Ⅳ，Ⅴのア，イ，ウの海洋の名称。

〈新潟〉

地図Ⅳ　　　　**地図Ⅴ**

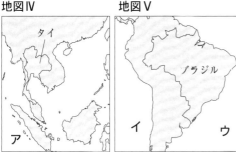

---

⑥高緯度

ポイント 緯線と経線が直角に交わる地図は，緯度が高くなるほど距離や面積が実際よりも大きく表される。

⑦ユーラシア大陸

⑧本初子午線

⑨標準時子午線

ポイント 日本の標準時子午線は東経135度である。

⑩ア：インド洋
イ：太平洋
ウ：大西洋

地理編 でる度 ★★★

日本の姿

□ ❶地図Ⅰのアの海。

地図Ⅰ

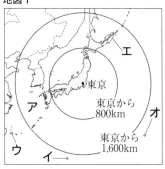

❶東シナ海

□ ❷地図Ⅰのイの日本の南端の島。　〈神奈川〉

❷沖ノ鳥島

□ ❸地図Ⅰのウの日本の西端の島。　〈茨城〉

❸与那国島

□ ❹地図Ⅰのエの日本の北端の島。　〈茨城〉

❹択捉島

□ ❺地図Ⅰのオの日本の東端の島。　〈茨城〉

❺南鳥島

よくでる

□ ❻地図Ⅱの　　部分は歯舞群島，色丹島，国後島，択捉島で構成される[　　]である。地図Ⅱ　〈茨城〉

❻北方領土

⚠ 日本固有の領土だが，現在はロシアが占拠している。

□ ❼地図Ⅲ中の**ア〜キ**の地方名は何か。〈徳島〉

地図Ⅲ

0 200km

ア地方

—— 地方の境

ウ地方　　**イ**地方

カ地方

エ地方

オ地方

キ地方

❼**ア：北海道**
イ：東北
ウ：中部
エ：関東
オ：近畿
カ：中国・四国
キ：九州

よくでる
□ ❽日本の国土面積は約 ［　　　］万km²である。〈京都〉

❽ **38**

よくでる
□ ❾国の主権がおよぶ領域は，領土，［　　　］，領空から成り立つ。〈北海道〉

❾ **領海**

よくでる
□ ❿各国が設定した，❾の外側で沿岸から200海里までの，漁業資源や鉱産資源などを開発し管理する権利の及ぶ海域。〈岐阜〉

❿ **排他的経済水域**

□ ⓫地図Ⅳの**ア**にある，中国などが領有を主張する，沖縄県石垣市の島。

地図Ⅳ

ア

⓫ **尖閣諸島**

ポイント 日本の領土であるが，中国や台湾が領有権を主張している。

地理編

歴史編

公民編

資料編

9 ◀

世界各地の人々の生活と環境

□ ❶ 地図Ⅰの**ア**に該当する，1年を通して気温が
　　高い気候帯。　　　　　　　　　　　　　〈千葉〉

地図Ⅰ

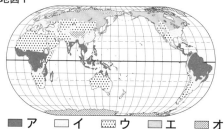

■ア　□イ　▨ウ　□エ　▨オ

❶熱帯

よくでる
□ ❷ 地図Ⅰの**イ**に該当する，四季の変化がある
　　気候帯。　　　　　　　　　　　　　　　〈千葉〉

❷温帯

□ ❸ 地図Ⅰの**ウ**に該当する，1年を通して降水量
　　の少ない気候帯。　　　　　　　　　　　〈千葉〉

❸乾燥帯

よくでる
□ ❹ 地図Ⅰの**エ**に該当する，夏が短く，冬は長
　　く寒さが厳しい気候帯。　　　　　　　　〈千葉〉

❹冷帯〔亜寒帯〕

□ ❺ 地図Ⅰの**オ**に該当する，1年を通して気温が
　　非常に低い気候帯。　　　　　　　　　　〈千葉〉

❺寒帯

□ ❻ 冷帯では，〔　　　〕とよばれる針葉樹の森
　　林が広がっている。　　　　　　　　　　〈茨城〉

❻タイガ

□ ❼ イギリスなどで見られ，夏は涼しく冬は比
　　較的温暖で，年間を通して雨が降るという
　　特徴を持つ，温帯に属する気候。　　　　〈岩手〉

❼西岸海洋性気候
　ポイント 温帯は，西
　岸海洋性気候の他に，
　地中海性気候と温暖湿
　潤気候に分けられる。

□ ❽熱帯などの海岸や干潟に多く，海水が多くても育つ種類の木が集まった林。　〈三重〉

❽マングローブ

地理編

歴史編

公民編

資料編

よくでる
□ ❾熱帯雨林などでみられる**資料Ⅰ**のような伝統的な住居は，1年を通じて，高温で降水量が多いことから，[　　　]を防ぐため，床が高くなっている。　〈岐阜〉

資料Ⅰ

❾湿気

□ ❿赤道付近にある地域の中でも標高が高い地域の，1年を通して気温が低く，作物はあまり育たない気候。　〈和歌山〉

❿高山気候

□ ⓫多くが北アメリカ大陸で生活し，食事はアザラシなどの肉や魚が中心で，寒さに備えた家に住んでいる民族。　〈宮城〉

⓫イヌイット

□ ⓬エジプトは，首都の年平均気温は21度を超え，年降水量は約30mmだが，[　　　]と呼ばれる場所には緑が見られる。　〈東京〉

⓬オアシス
ポイント 砂漠の中で植物が育ったり人間が生活したりするだけの水が得られる場所。

□ ⓭高緯度地方で，夏にみられる，太陽が沈まない薄明るい夜のこと。

⓭白夜

よくでる
□ ⓮7世紀に西アジアでおこり，現在は西アジアを中心に広い地域で信仰されており，信者が聖地に向かって1日5回の礼拝を行うなどの特徴がある宗教。　〈静岡〉

⓮イスラム教
ポイント キリスト教・イスラム教・仏教が世界の三大宗教。キリスト教はヨーロッパや南北アメリカ，仏教は東アジアや東南アジアに広まっている。

□ ⓯インドで暮らす人々の大多数に信仰されている宗教。　〈山口〉

⓯ヒンドゥー教

11

アジア州

（よくでる）

□ ❶ アジア州の海岸に近い東部では，海洋から内陸に向けて吹く〔　　　〕の影響を受けて降水量が多い。　　　　　〈新潟〉

❶ 季節風〔モンスーン〕

□ ❷ **資料Ⅰ**中の**A・B**にあてはまるアジア州の国。　　　　　　　　　　　　〈静岡〉

資料Ⅰ　　　　　　　　　（2020年）

	人口 （百万人）	人口密度 （人/km²）
A	1439	150
B	1380	420
日本	126	339

（2020/21年版「世界国勢図会」）

❷ A：中国
　 B：インド
ポイント 世界で人口の多い国は，中国→インド→アメリカ→インドネシア→パキスタンの順（2020年）。

□ ❸ 中国では人口の9割が〔　　　〕であり，他の少数民族は西部に集中している。

❸ 漢族
ポイント 中国は，漢族の他に55の少数民族がくらす多民族国家。

（よくでる）

□ ❹ 中国政府が海外の資本や技術を導入するために開放した沿岸部の5地域。　〈岩手〉

❹ 経済特区〔経済特別区〕

（よくでる）

□ ❺ **地図Ⅰ**の　　　に該当する東南アジア地域の10か国が加盟する地域協力機構。　〈広島〉

地図Ⅰ

❺ ＡＳＥＡＮ〔東南アジア諸国連合〕

□ ❻ 海外に移住し，その国の国籍を取得して定住している中国系の人々。

❻ 華人

□ ❼ フィリピンで，最も多くの人々から信仰されている宗教。　〈鳥取〉

□ ❽ **資料Ⅱ**は［　　　］の生産量が多い上位5か国とその生産量を示している。　〈三重〉

資料Ⅱ

生産国	中国	インド	インドネシア	バングラデシュ	ベトナム
生産量	212129	172580	83037	56417	44046

(2018年，千 t)　(2020/21年版「世界国勢図会」)

□ ❾ 東南アジアや中国南部などの一部の地域では，同じ農地で年に2回，稲を栽培する［　　　］が行われている。　〈佐賀〉

よくでる

□ ❿ スリランカ・インドなどで，イギリスの植民地時代に始まった，輸出向けの茶を栽培する大規模農園。　〈滋賀〉

よくでる

□ ⓫ **地図Ⅱ**中の　　は［　　　］の産出量世界上位5か国を示している。　〈佐賀〉

地図Ⅱ

(2019年)　(2020/21年版「世界国勢図会」)

□ ⓬ 主要石油輸出国が，石油による利益を最大限に活用することを目的として1960年に結成した機構。　〈東京〉

❼ **キリスト教**

ポイント インドネシア・マレーシアはイスラム教，タイ・カンボジアは仏教を信仰する国民が多い。

❽ **米**

ポイント 中国は，米や小麦，石炭の生産量が世界第1位である。

❾ **二期作**

❿ **プランテーション**

⓫ **石油〔原油〕**

⚠ 西アジアのイラク・サウジアラビアがふくまれている。

⓬ **ＯＰＥＣ〔石油輸出国機構〕**

ヨーロッパ州・アフリカ州

よくでる

□ ❶ ロンドンは大西洋を流れる暖流と、その上を吹く［　　　　］の影響で緯度が高いわりに、冬は比較的温暖である。　　〈静岡〉

❶ 偏西風

ポイント 暖流は北大西洋海流。

よくでる

□ ❷ 地図 I のスカンディナビア半島の◯の地域にみられる、氷河の侵食によってつくられた谷に海水が入りこんでできた、細長く奥行きのある湾。　　〈福井〉

❷ フィヨルド

ポイント チリ南部などの海岸でも見られる。

地図 I

スカンディナビア半島

□ ❸ 地図 I の**ア**国などで行われている、小麦やライ麦の栽培と、豚や牛の飼育を組み合わせた農業。　　〈愛媛〉

❸ 混合農業

□ ❹ 地図 I の**イ**国などで行われている、夏は比較的雨が少ないため乾燥に強いオリーブなどを、冬は比較的雨が多いため小麦などを栽培する農業。　　〈徳島〉

❹ 地中海式農業

よくでる

□ ❺ ヨーロッパ27か国（2021年3月現在）が加盟している地域統合体。　　〈和歌山〉

❺ ヨーロッパ連合〔EU〕

ポイント 域内は「人・もの・資本」の移動が自由。

□ ❻ フランスやドイツで導入されている、EUの共通通貨。　　〈福島〉

❻ ユーロ

□ **❼**地図Ⅱの**ア**に広がる世界最大の砂漠。〈三重〉　**❼**サハラ砂漠

地図Ⅱ

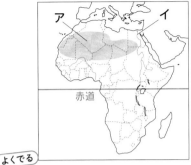

よくでる
□ **❽**地図Ⅱの**イ**で示した，世界で最も長い川。　**❽**ナイル川
〈栃木〉

□ **❾**アフリカ周辺の経度や緯度を利用した国境　**❾**植民地
線は，この地域が〔　　　〕として支配さ
れたときに引かれた境界線のなごりである。
〈兵庫〉

よくでる
□ **❿**アフリカ州の国や地域が，紛争や貧困問題　**❿**アフリカ連合〔A
の解決策を協力して考えるために，2002年　　U〕
に発足させた地域機構。〈福島〉

□ **⓫**コートジボワールやガーナなどで栽培がさ　**⓫**カカオ
かんな，チョコレートの原料となる作物。
よくでる
□ **⓬**特定の農産物の生産や鉱産資源の産出，お　**⓬**モノカルチャー経
よびこれらの輸出によって成り立っている　　済
経済。〈長崎〉
新傾向
□ **⓭**携帯電話の小型電池などに使われているコ　**⓭**レアメタル〔希少
バルトやリチウムなど，埋蔵量が少なく，　　金属〕
生産量も限られている金属の総称。〈和歌山〉

北アメリカ州

☐ ❶ 地図 Ⅰ の**ア**の山脈。　〈北海道〉

地図Ⅰ

サンフランシスコ
北緯37度

❶ ロッキー山脈

☐ ❷ 地図 Ⅰ の**イ**の川。

❷ ミシシッピ川

☐ ❸ 地図 Ⅰ の**ウ**の海洋。　〈埼玉〉

❸ 大西洋

よくでる
☐ ❹ 国際連合の本部がある，**地図 Ⅰ** の**エ**の都市。　〈大阪〉

❹ ニューヨーク

よくでる
☐ ❺ 地図 Ⅰ のサンフランシスコ郊外にある，先端技術産業が集中する地域。　〈茨城〉

❺ シリコンバレー
ポイント▶ 先端技術産業や情報関連産業の研究機関が集まっている。

☐ ❻ 情報通信産業や航空宇宙産業が発達している，❺をふくむ**地図 Ⅰ** の北緯37度付近から南の地域。　〈岩手〉

❻ サンベルト

☐ ❼ アメリカの農場では，利益を高めることを目的とした，労働者をやとい，特定の作物を大量に生産する [　　　] な農業が行われている。　〈福井〉

❼ 企業的

□ ❽アメリカでは，20世紀前半に，[　　　] 工業を中心に大量生産方式が確立された。
〈東京〉

❽自動車

□ ❾その土地の自然条件や社会的条件にもっとも適した農作物を栽培すること。

❾適地適作

よくでる
□ ❿複数の国に生産や販売の拠点を持ち，世界的な規模で活動する企業を [　　　] 企業という。
〈千葉〉

❿多国籍

□ ⓫アメリカ合衆国は先住の人々や，多くの [　　　] とその子孫たちからなる多民族国家である。
〈富山〉

⓫移民

よくでる
□ ⓬アメリカ合衆国にいる，メキシコや西インド諸島などから移住し，スペイン語を日常的に話す人々。
〈長崎〉

⓬ヒスパニック

□ ⓭祖先はアジア人種とされる，アメリカ大陸の先住民。

⓭ネイティブ・アメリカン

□ ⓮カナダの首都。
〈北海道〉

⓮オタワ

□ ⓯北アメリカ州の住人が最も多く信仰している宗教。
〈高知〉

⓯キリスト教

南アメリカ州・オセアニア州

 よくでる
☐ ❶流域面積世界最大の**地図Ⅰ**の**ア**の川。

〈三重〉

地図Ⅰ

❶アマゾン川
ポイント▶ 流域にはセルバとよばれる熱帯雨林が広がる。

☐ ❷**地図Ⅰ**の**イ**の山脈。　　　　　　〈北海道〉

❷アンデス山脈

☐ ❸**地図Ⅰ**の**X**で示した0度の緯線。　　〈徳島〉

❸赤道

☐ ❹南アメリカ州で，先住民とヨーロッパ系の人々との混血の人々の名称。　　　〈佐賀〉

❹メスチソ

☐ ❺銅鉱を世界で最も多く産出している，南アメリカ州の国（2017年）。　　　〈大阪〉

❺チリ

よくでる
☐ ❻2000年代以降に経済がいちじるしく発展した，ブラジルを含めた5か国の総称。

〈沖縄〉

❻BRICS

☐ ❼ オーストラリアは，ニュージーランドやフィジーなどとともに［　　　］州を構成する国の一つである。　　　　　　　〈岐阜〉

❼オセアニア

よくでる

☐ ❽ オーストラリアには先住民である［　**A**　］が住んでいたが，現在はヨーロッパや中国などからの移民が多く，［　**B**　］社会が形成されている。　　　　　　　〈福井〉

❽A：アボリジニ
　B：多文化

☐ ❾ かつてオーストラリアが行っていた，非白人の移民を制限する政策。　　〈岩手〉

❾白豪主義

☐ ❿ オーストラリアの首都。　　　　〈北海道〉

❿キャンベラ

☐ ⓫ ニュージーランドの先住民。

⓫マオリ

☐ ⓬ オーストラリアにあるグレートバリアリーフは，世界最大の［　　　］である。

⓬サンゴ礁

よくでる

☐ ⓭ 地図Ⅱのア，イで産出し，日本が輸入している鉱産資源。　　　　　　　〈富山〉

⓭ア：鉄鉱石
　イ：石炭

ポイント オーストラリアは鉱産資源が豊富で，大規模な露天掘りで産出している。日本にとってオーストラリアは，重要な原料供給国である。

地図Ⅱ

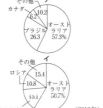

日本の主な鉱産資源の輸入先

その他10.2　ア
カナダ6.2
ブラジル26.3　オーストラリア57.3%

その他　イ
ロシア15.4
10.8　オーストラリア58.7%
15.1
インドネシア

（2019年）
（2020/21年版「日本国勢図会」）

よくでる

☐ ⓮ アジア太平洋の地域における経済協力を目的とし，日本も発足当時から参加している会議。　　　　　　　　　　　　〈長崎〉

⓮ＡＰＥＣ
〔アジア太平洋経済協力会議〕

身近な地域の調査

□ ❶ 地形図Ⅰの X からみて，Y の方位。〈岐阜〉

地形図Ⅰ

（国土地理院発行2万5千分の1地形図「高松南部」より作成）

❶ 南東

⚠ 方位記号がない場合，地図の上が北。

□ ❷ ⛩は，[　　　　]をあらわす地図記号。

〈北海道〉

❷ 神社

□ ❸ 卍は，[　　　　]をあらわす地図記号。

❸ 寺院

□ ❹ 文は，[　　　　]をあらわす地図記号。

❹ 小・中学校

□ ❺ Yは，[　　　　]をあらわす地図記号。

〈栃木〉

❺ 消防署

□ ❻ 血は，[　　　　]をあらわす地図記号。

〈静岡〉

❻ 博物館

□ ❼ ⛛は，[　　　　]をあらわす地図記号。

〈北海道〉

❼ 桑畑

□ ❽ ⋀⋀は，[　　　　]をあらわす地図記号。

〈山形〉

❽ 針葉樹林

□ **⑨** 地形図Ⅱの**ア**の付近の土地は〔　A　〕に，**イ**の付近の土地は〔　B　〕に利用されている。　　　　　　　　　　　　〈静岡〉

地形図Ⅱ

(国土地理院発行2万5千分の1地形図「赤湯」より作成)

⑨ A：田〔水田〕
　　B：果樹園

□ **⑩** 地形図Ⅲ中の**AB**間と**CD**間の地図上の長さが等しいとき，**AB**間と**CD**間の傾斜を比べると，**CD**間のほうが傾斜が〔　　　〕である。　　　　〈愛媛〉

地形図Ⅲ

(国土地理院発行2万5千分の1地形図「富良野」より作成，実際の試験で使われた地形図を71%に縮小して掲載)

⑩ 急

⚠ 等高線の間隔がせまければせまいほど傾斜が急である。

□ **⑪** 地形図Ⅳ中の**A**地点と**B**地点の標高の差。　　　〈山口〉

地形図Ⅳ

(国土地理院発行2万5千分の1地形図「平泉」より作成)

⑪ 50m

ポイント 計曲線は2万5千分の1の地形図では50mおきに引かれる。A地点が100mなのでB地点は50m，その差50mとわかる。

日本の地形

よくでる

□ ❶ 地図 I の**A**で示した，アルゼンチンとチリ
の国境をなすアンデス山脈と，日本列島と
がともに属する造山帯。　　　　　〈山口〉

地図 I

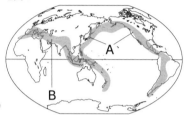

よくでる

□ ❷ 地図 I の**B**で示した，ヨーロッパからイン
ドネシアにのびる造山帯。　　　　〈静岡〉

□ ❸ 火山の噴火によるかん没などによってでき
たくぼ地は，[　　　]とよばれる。〈佐賀〉

よくでる

□ ❹ **資料 I**から，日本の川を世界の川とくらべ
ると，日本の川は長さが[　**A**　]，流れ
が[　**B**　]であることがわかる。〈佐賀〉

資料 I

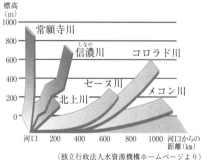

標高
(m)
1000
800　常願寺川
600　信濃川　　コロラド川
　　　しなの
400　　　　セーヌ川
200　　北上川　　　　メコン川
0
河口　200　400　600　800　1000　河口からの
　　　　　　　　　　　　　　　　距離(km)
（独立行政法人水資源機構ホームページより）

❶ 環太平洋造山帯
ポイント▶ 太平洋をと
りまく，高く険しい地
形の造山帯。

❷ アルプス・ヒマラ
ヤ造山帯

❸ カルデラ

❹ A：短く
　 B：急

よくでる

☐ ❺地図Ⅱの〈┅┅〉で示した山脈の総称（そうしょう）。〈茨城〉

地図Ⅱ

❺日本アルプス

⚠ 北から順に，飛驒（ひだ）山脈，木曽山脈，赤石（あかいし）山脈である。

よくでる

☐ ❻地図ⅢのＸがあらわす，日本列島を東西に分ける，地面が大きく落ち込んだみぞ状の地形。〈新潟〉

地図Ⅲ

❻フォッサマグナ

☐ ❼日本列島はけわしい山地や山脈が多く，陸地のおよそ［　　　］が山地と丘陵地（きゅうりょうち）から成り立っている。

❼4分の3

☐ ❽地図ⅣのＡは千葉県の九十九里浜（くじゅうくり）で，海岸線の出入りが少ない［　　　］海岸である。〈福井〉

地図Ⅳ

❽砂浜（すなはま）

よくでる

☐ ❾地図Ⅴの志摩半島（しま）の南側のＢにみられる，複雑に海岸線が入り組んだ地形。〈福井〉

地図Ⅴ

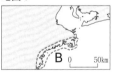

❾リアス海岸

□ ❿ 東日本の太平洋沖から伊豆諸島，小笠原諸島の東に沿って続く，深さ6000mをこえる海底地形。　〈高知〉

❿ 海溝

□ ⓫ 東シナ海の大部分をしめる，水深200mまでの浅い海底。　〈福井〉

⓫ 大陸棚

□ ⓬ 地図Ⅵのアの海流。　〈東京〉

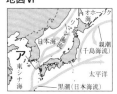

地図Ⅵ

⓬ 対馬海流

ポイント 対馬海流，黒潮〔日本海流〕は暖流，親潮〔千島海流〕，リマン海流は寒流。

□ ⓭ 日本で一番長い川。

⓭ 信濃川

□ ⓮ 流域面積が日本最大の川。

⓮ 利根川

□ ⓯ 河川が運んだ土砂が平野の河口付近にたい積してできた資料ⅡのAにあたる地形。　〈長崎〉

⓯ 三角州

資料Ⅱ

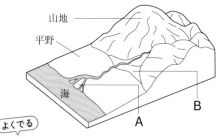

□ ⓰ 河川によって運ばれた土砂が，山地から平野へ流れる所にたまってできた資料ⅡのBにあたる地形。　〈富山〉

⓰ 扇状地

地理編　でる度 ★★★

自然災害

地理編

歴史編

公民編

資料編

□❶東北地方の太平洋側では，冷たく湿った
　[　　　]と呼ばれる風の影響で冷害にみ
　まわれることがある。　　　　　〈静岡〉

❶やませ
ポイント 冷害とは，
気温が上がらないこと
で，農作物の生育が悪
くなるなどのこと。

□❷台風や発達した低気圧が海岸を通過すると
　きに起きる自然災害。　　　　　〈福井〉

❷高潮

□❸地下の岩盤が周囲から押されることによっ
　て，地表や地中が振動する現象。

❸地震

□❹地震によっておこる，海面が変動して上下
　する現象。　　　　　　　　　　〈福井〉

❹津波

□❺日本には噴火の可能性のある火山が多く見
　られ，火山が噴火した際の[　　　]によ
　って被害が出た地域もある。　　〈佐賀〉

❺火砕流

□❻2011年3月11日に三陸沖を震源として発生
　したマグニチュード9.0の巨大地震と，そ
　の余震によって引き起こされた一連の災害。

❻東日本大震災

よくでる
□❼地方公共団体が災害による被害をできるだ
　け少なくするために作成・公開している，
　地域の危険度を住民にあらかじめ知らせる
　地図。　　　　　　　　　　　　〈静岡〉

❼防災マップ〔ハザ
ードマップ〕

25 ◀

日本の気候

□ ❶日本の大部分は〔　　　〕の気候に属する。　〈長崎〉

❶温帯

> よくでる

□ ❷太平洋側の都市では夏に太平洋側から，日本海側の都市では冬に日本海側から吹く風。　〈高知〉

❷季節風〔モンスーン〕

□ ❸6月と7月の降水量の多い時期。　〈高知〉

❸梅雨

> よくでる

□ ❹地図Iの札幌が該当する，夏は短く冬は寒さが厳しい気候。　〈沖縄〉

❹北海道の気候
ポイント▶ 冷帯〔亜寒帯〕の気候。

地図I

札幌
金沢
高松　　東京
那覇—

> よくでる

□ ❺地図Iの金沢が該当する，冬に降水量が多い気候。　〈沖縄〉

❺日本海側の気候

□ ❻地図Iの東京が該当する，夏は気温が高く，冬は晴天が続く気候。　〈沖縄〉

❻太平洋側の気候

□ **❼ 地図Ⅰ**の高松が該当する，1年を通して晴れ
　の日が多く，降水量が少ない気候。　〈沖縄〉

❼ 瀬戸内の気候

よくでる

□ **❽ 地図Ⅰ**の那覇が該当する，1年を通して降水
　量が多く，冬でも温暖な気候。　　〈沖縄〉

❽ 南西諸島の気候
ポイント▶ 亜熱帯の気候。

□ **❾ 資料Ⅰ**の雨温図があてはまる，長野県飯田
　市が属している気候。　　〈和歌山〉

**❾ 内陸〔中央高地〕
　の気候**

資料Ⅰ

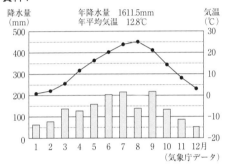

降水量
(mm)　　　年降水量　1611.5mm
　　　　　年平均気温　12.8℃　　　　気温
　　　　　　　　　　　　　　　　　　（℃）

（気象庁データ）

□ **❿ 資料Ⅱ**の南西諸島で見られる伝統的な住居
　は，[　　　]から住居を守るため，周囲
　を石垣で囲ったり，屋根のかわらをすき間
　なく固めたりしている。　　〈和歌山〉

❿ 台風
ポイント▶ 南西諸島は，
「台風の通り道」とい
われている。

資料Ⅱ

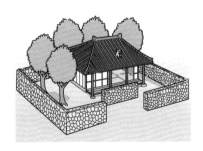

日本の人口

□ ❶ 人口が中心部で減少し，郊外で増加する現象。　〈愛媛〉

❶ ドーナツ化（現象）

□ ❷ 世界の人口とGDP（国内総生産）の割合を表した，**資料Ⅰ**の**ウ**の地域。　〈大分〉

資料Ⅰ

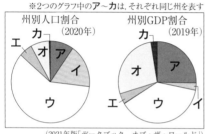

※2つのグラフ中の**ア〜カ**は，それぞれ同じ州を表す

州別人口割合（2020年）　州別GDP割合（2019年）

（2021年版「データブック　オブ・ザ・ワールド」）

❷ アジア
　⚠ **ア**はヨーロッパ，**イ**はアフリカ，**エ**は南アメリカ，**オ**は北アメリカ，**カ**はオセアニア。

□ ❸ 第二次世界大戦以降，世界の人口が急増した現象。　〈高知〉

❸ 人口爆発

□ ❹ ある国や地域の人口を，その国や地域の面積で割ったもの。

❹ 人口密度

よくでる
□ ❺ 日本は，高齢化とともに［　　］が進んでいる。　〈鹿児島〉

❺ 少子化

□ ❻ 高度経済成長期には，地方から多くの人が移り住んだことによって，東京，大阪，名古屋の［　　　］が形成された。

❻ 三大都市圏

□ ❼中央官庁の出先機関や大企業の支社・支店などが置かれることが多い，地方の中心となる都市。 〈福井〉

❼地方中枢都市

地理編

よくでる
□ ❽**資料Ⅱ**の日本の人口ピラミッドを，年代の古い順に並べると，[　　　]となる。 〈福島〉

❽ウ→ア→イ

⚠ アはつりがね型，イはつぼ型，ウは富士山型。年代順に富士山型→つりがね型→つぼ型となる。

資料Ⅱ

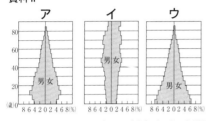

(2020/21年版「日本国勢図会」他)

歴史編

公民編

資料編

よくでる
□ ❾人口減少と高齢化が進み，地域社会を支える機能が弱くなっている地域がある。このような地域は[　　　]地域とよばれ，農村や離島などに多く見られる。一方で，東京や大阪などの大都市では，人口が集中した状態が続いている。 〈京都〉

❾過疎

ポイント 過疎…人口がいちじるしく減少。農山村や離島など。
過密…人口がいちじるしく集中。東京・大阪など大都市。

新傾向
□ ❿極端な高齢化が進み，65歳以上の人口が過半数をしめ，共同体の機能の維持が困難な集落。 〈大分〉

❿限界集落

□ ⓫過疎地域で行われる，地域活性化をめざす動きを[　　　]という。 〈宮崎〉

⓫町おこし〔村おこし〕

日本の資源・エネルギー・環境

□ ❶石油や鉄鉱石など，エネルギー源や工業の
　原料として使われる鉱物を〔　　〕資源
　という。

❶鉱産

よくでる

□ ❷資料Ⅰの**A**にあてはまる鉱産資源。〈三重〉

❷鉄鉱石

資料Ⅰ　エネルギー・鉱産資源のおもな産出国

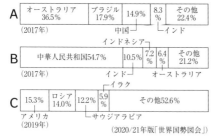

A | オーストラリア 36.5％ | ブラジル 17.9％ | 14.9％ | 8.3％ | その他 22.4％
（2017年）中国┘ └インド

B | 中華人民共和国54.7％ | 10.5％ | 7.2％ | 6.4％ | その他 21.2％
インドネシア┘ （2017年）インド┘ └オーストラリア

C | 15.3％ | ロシア 14.0％ | 12.2％ | 5.9％ | その他52.6％
アメリカ┘ イラク┘ └サウジアラビア （2019年）

（2020/21年版「世界国勢図会」）

□ ❸資料Ⅰの**B**にあてはまる鉱産資源。〈三重〉

❸石炭

□ ❹資料Ⅰの**C**にあてはまる鉱産資源。〈三重〉

❹石油〔原油〕

□ ❺アルミニウムの原料となる，オーストラリ
　ア北部で生産がさかんな金属資源。

❺ボーキサイト

新傾向

□ ❻クロムやマンガンなどの金属は，埋蔵量が
　非常に少なかったり，経済的・技術的に純
　粋なものを取り出すのが難しかったりする
　ため，〔　　〕といわれる。〈福井〉

❻レアメタル〔希少
　金属〕

新傾向

□ ❼主に植物を原料として作られる燃料。
　〈新潟〉

❼バイオエタノール
　〔バイオ燃料〕

□ ❽ **資料Ⅱ**の**ア**にあたる発電方法。　　　〈愛媛〉

資料Ⅱ

		発電量 (億kWh)
フランス	9.8 13.0 70.9 6.1	5,621
サウジ アラビア	99.9 0.1	3,479
ブラジル	62.9 27.0 2.7 7.3	5,894
日本	8.9 85.5 3.1 2.4	10,073

0% 20% 40% 60% 80% 100%

□ア □イ ■ウ ■エ

(2017年)　　　　　　　　(2020/21年版「世界国勢図会」)

❽水力発電

□ ❾ **資料Ⅱ**の**イ**にあたる発電方法。　　　〈愛媛〉

❾火力発電

□ ❿ **資料Ⅱ**の**ウ**にあたる発電方法。　　　〈愛媛〉

❿原子力発電

よくでる

□ ⓫ **資料Ⅱ**の**エ**にあたる発電方法で用いられる，地熱や太陽光などのエネルギー。　　〈千葉〉

⓫再生可能エネルギー

□ ⓬ 有機物で構成された植物などの生物資源を燃料として利用する発電方法。

⓬バイオマス発電

□ ⓭ ［　　　］発電は，発電時の二酸化炭素排出量が少ない，巨大なエネルギーを生み出すことができるなどのメリットがある反面，放射性廃棄物の問題などをかかえている。

〈沖縄〉

⓭原子力

よくでる

□ ⓮ 温室効果ガスの増加が原因とされる地球規模の環境問題を［　　］という。　〈兵庫〉

⓮地球温暖化

日本の農林水産業

よくでる

□❶宮崎県や高知県で主に行われている，冬季に収穫を可能とした栽培方法。〈大分〉

❶促成栽培

よくでる

□❷中央高地では，夏の涼しい気候を利用して出荷時期をおくらせる野菜の〔　　〕が行われている。〈鹿児島〉

❷抑制栽培
⚠ レタスなどの高原野菜が栽培される。

□❸温室やビニールハウスを利用して野菜や果実などを栽培する農業。〈茨城〉

❸施設園芸農業

□❹野菜や果実などを，近くの大消費地向けに生産する農業。〈沖縄〉

❹近郊農業

よくでる

□❺家畜の飼育頭数上位5道県を示した**資料Ⅰ**の**A・B**にあてはまる家畜。〈富山〉

❺A：肉用牛
　B：豚

資料Ⅰ

順位	乳用牛	〔 A 〕	〔 B 〕
1	北海道	北海道	鹿児島
2	栃木	鹿児島	宮崎
3	熊本	宮崎	北海道
4	岩手	熊本	群馬
5	群馬	岩手	千葉

(2020/21年版「日本国勢図会」)

□❻日本の農業の中心は〔　　〕で，東北地方，北陸地方，北海道を中心に，全国で行われている。

❻稲作

□❼茶の生産量が最も多い県（2019年）。〈北海道〉

❼静岡県

□❽輸入品にかけられる関税や輸入量の制限を
やめるなどして，市場を開放することを輸
入 [　　　] という。

❽自由化

□❾市場開放などにより外国から安い農産物が
輸入され，日本の [　　　] は大幅に低下
した。　　　　　　　　　　　　　〈愛知〉

❾食料自給率
ポイント 日本は約
40%である。

□❿食料自給率の推移を示した**資料Ⅱ**の**C**にあ
てはまる穀物。　　　　　　　　　〈大分〉

資料Ⅱ

❿小麦
ポイント 日本は小麦
と大豆の自給率がたい
へん低い。また，果実
や肉類の自給率は年々
低下してきている。

□⓫日本では古くから，秋田 [　**A**　]，木曽
[　**B**　] などの針葉樹が木造建築に使わ
れ，林業がさかんな地域が全国に広がった。

よくでる　　　　　　　　　　　　　　〈沖縄〉

⓫A：すぎ
　B：ひのき

□⓬人工的にふ化させた稚魚や稚貝をある程度
まで育てたあとで海や川に放し，これらが
成長したあとに再びとる漁業。

よくでる

⓬栽培漁業
⚠ 人工の池の中で大
きくなるまで育てるの
は養殖漁業。

□⓭**地図Ⅰ**であら
わしたように，
寒流と暖流な
ど，性質の
ことなる海水
が接する境目。
　　　　〈愛媛〉

地図Ⅰ

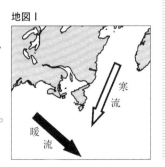

⓭潮目 〔潮境〕

33 ◀

日本の工業・商業・サービス業

□ ❶関東から九州北部にかけての臨海部に分布
　している**地図ⅠのX**にあたる工業地帯・地
　域のまとまり。　　　　　　　　　　　〈千葉〉

❶太平洋ベルト

地図Ⅰ

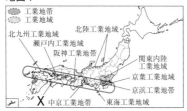

工業地帯
工業地域
北陸工業地域
北九州工業地域
瀬戸内工業地域
阪神工業地帯
関東内陸
工業地域
京葉工業地域
京浜工業地帯
X 中京工業地帯　東海工業地域

□ ❷**資料ⅠのA**にあてはまる，東京都と神奈川
　県に広がる，印刷・同関連業が発達してい
　る工業地帯。　　　　　　　　　　　　〈徳島〉

❷京浜工業地帯

資料Ⅰ

	金属	機械	化学	食料品	その他
A	8.9%	49.4	17.7	11.0	13.0
B	9.4%	69.4	6.2	4.7	10.3
C	20.7%	36.9	17.0	11.0	14.4
D	21.5%	13.1	39.9	15.8	9.7

(2017年)　　　　　　(2020/21年版「日本国勢図会」)

□ ❸**資料ⅠのB**にあてはまる，愛知県から三重
　県にかけて広がる，工業出荷額が全国一の
　工業地帯。　　　　　　　　　　　　　〈徳島〉

❸中京工業地帯

□ ❹**資料ⅠのC**にあてはまる，大阪府と兵庫県
　に広がる，金属工業や化学工業がさかんな
　工業地帯。　　　　　　　　　　　　　〈徳島〉

❹阪神工業地帯

□ ❺**資料ⅠのD**にあてはまる，東京湾沿岸の千
　葉県側に広がる工業地域。　　　　　　〈愛知〉

❺京葉工業地域

□❻おもに国や地方公共団体が，工場を誘致するために造成した地区。

❻工業団地

□❼海外から原料を輸入し，製品をつくり，輸出する貿易。　〈宮城〉

❼加工貿易

よくでる
□❽生産拠点が海外に移転することにより，国内の製造業が衰退していく現象。

❽産業の空洞化

よくでる
□❾空港や高速道路が整備されてつくられた，**地図Ⅱ**の●で示した工場では，おもに[　　　]が生産されている。　〈岐阜〉

地図Ⅱ　東北地方の略地図

注：●はおもな工場の所在地を示す。(2019年)
(2020/21年版「日本国勢図会」)

❾IC〔集積回路〕
ポイント 集積回路〔IC〕の工場は高速道路のインターチェンジや空港の近くにつくられることが多い。

□❿店舗を必要としない通信販売は，宅配便や[　　　]の普及とともに発達し，消費者は自宅にいながら商品を買うことができるようになった。　〈佐賀〉

❿インターネット

□⓫沖縄県，鹿児島県，大分県，鳥取県の人口と産業別人口割合を示した**資料Ⅱ**の**ウ**にあてはまる産業。　〈埼玉〉

⓫第三次産業
ポイント 第一次産業は農業・林業・漁業など，第二次産業は工業（製造業）・建設業など，第三次産業は商業・サービス業・運輸業・金融業・観光業などがふくまれる。

資料Ⅱ
(2021年版「データでみる県勢」)

県	人口(2019年，千人)	産業別人口割合 (2017年，%)		
		[ア]	[イ]	[ウ]
鳥取	556	8.3	22.4	69.3
大分	1135	6.2	24.2	69.6
鹿児島	1602	8.1	19.7	72.2
沖縄	1453	4.0	15.4	80.7

日本の交通・通信

□ ❶ 20世紀以降，交通手段は大きく発達した。特に航空交通の発達により，目的地までの [　　　] は非常に短くなった。　〈岐阜〉

❶時間距離
ポイント 2地点間を移動するのに要した時間で表した距離のこと。「駅から5分」などと表現する。

よくでる
□ ❷ [　　　] 輸送は，軽量で高価なIC〔集積回路〕などの電機部品の移動に利用されている。　〈宮崎〉

❷航空

□ ❸ 石油を運搬するための**資料I**の船。　〈佐賀〉

資料I

❸タンカー

□ ❹ 国際電話やインターネット，衛星放送の普及などによって，世界の [　　　] はいちじるしく発達した。

❹情報通信網

よくでる
□ ❺ 空の玄関口として日本と世界の国々を結ぶ**地図I**の**X**の空港。　〈千葉〉

地図I

❺成田国際空港
ポイント 輸出額・輸入額ともに日本最大級の貿易港。

新傾向

☐ ❻航空機を使った交通や輸送において，放射状にのびる，国際線や国内線の航空路線を持ち，乗客の乗り継ぎや貨物の積み替えを効率的に行うことができる国際空港の一般的な名称。　　　　　　　　　〈愛媛〉

❻ハブ空港

☐ ❼国内の貨物輸送の変化を表した**資料Ⅱ**の**イ**が示している交通機関は〔　　　　　〕である。　　　　　　　　　　　〈栃木〉

資料Ⅱ

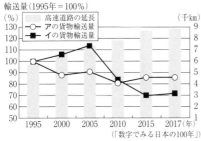

輸送量（1995年＝100%）

「数字でみる日本の100年」

❼自動車
ポイント▶ 高速道路網の発達により，**イ**の自動車の輸送が増えた。**ア**は鉄道。

☐ ❽自動車を都市周辺の駐車場にとめ，そこから鉄道やバスに乗りかえて都市部に入る方式。

よくでる

❽パークアンドライド
ポイント▶ 渋滞や大気汚染を防ぐことができる。

☐ ❾輸入国と輸出国の間で，貿易について生じるさまざまな問題。

❾貿易摩擦

新傾向

☐ ❿貿易の自由化などをはかる経済連携協定の一つとして，2016年に日本がアジア太平洋地域の多くの国々と調印した協定のアルファベットの略称。　　　　　　　〈福島〉

よくでる

❿ＴＰＰ
ポイント▶ 12か国が調印したが，その後アメリカが離脱し，2018年，TPP11として発効した。

☐ ⓫カナダ，日本，アメリカ，中国，韓国，オーストラリアなど，太平洋を囲む21の国と地域が参加する経済協力のわく組のこと。　　　　　　　　　　　〈宮城〉

⓫ＡＰＥＣ〔アジア太平洋経済協力会議〕

でる度 ★★★

九州地方，中国・四国地方

□ ❶ 地図Ⅰの**ア**などでみられる，火山活動による爆発や陥没でできた大きなくぼ地。

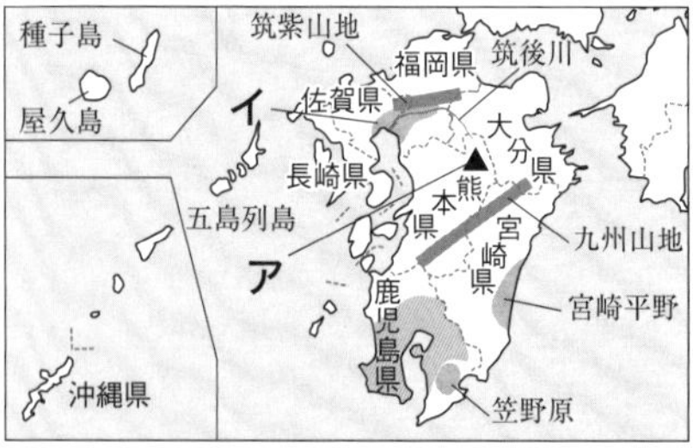

❶ カルデラ
⚠ アは阿蘇山で，世界最大級のカルデラがある。

地図Ⅰ 〈鹿児島〉

種子島
屋久島
筑紫山地
福岡県 筑後川
佐賀県
イ
大分県
長崎県
熊本県
宮崎県
九州山地
五島列島
ア
宮崎平野
鹿児島県
沖縄県
笠野原

□ ❷ 地図Ⅰの■■■で示した地域に見られる，古い火山の噴出物によってできた台地。 〈静岡〉

❷ シラス台地

□ ❸ 九州一の稲作地帯となっている，地図Ⅰの**イ**が示す平野。

❸ 筑紫平野

□ ❹ 地図Ⅰの宮崎平野などでさかんな，温暖な気候を利用し，ビニールハウスなどの施設で農作物を栽培して，出荷時期を早める栽培方法。 〈高知〉

❹ 促成栽培

□ ❺ 北九州工業地域の工業出荷額にしめる工業の割合を示した**資料Ⅰ**の**イ**にあてはまる工業。 〈静岡〉

❺ 機械工業

資料Ⅰ

	ア	イ	ウ	
1960年 0.6兆円	42.7%	8.5	15.1	その他 33.7
2017年 9.8兆円	16.3%	46.6	5.6	31.5

0% 20% 40% 60% 80% 100%

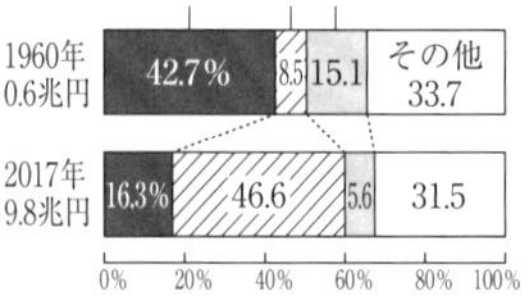

ア，イ，ウは，機械工業，金属工業，化学工業のいずれか。

（2020/21年版「日本国勢図会」他）

よくでる

□ ❻ 高度経済成長期に，公害問題は深刻化し，熊本県では水質汚濁を原因とする ［　　　］ に関する訴訟が起きた。　　　　　〈広島〉

❻ **水俣病**
ポイント▷ 四大公害病は，水俣病，四日市ぜんそく，イタイイタイ病，新潟水俣病。

□ ❼ 瀬戸内工業地域には ［　　　］ コンビナートが多く，化学工業の占める割合が全国に比べて大きい。

❼ **石油化学**
ポイント▷ 岡山県倉敷市の水島地区などが有名。

□ ❽ 地図Ⅱの　　　　で示した平野では，農業用水が不足しがちで，［　　　　］ を作って水を確保してきた。　　　　　〈佐賀〉

地図Ⅱ

❽ **ため池**
⚠ 　　　　は讃岐平野。

よくでる

□ ❾ 資料Ⅱが示している農作物。　　　　　〈長崎〉

資料Ⅱ　都道府県別収穫量割合

収穫量 75万 t	和歌山 21.0	愛媛 16.8	静岡 11.5	熊本 10.8	長崎 7.2	その他 32.7

```
0    20    40    60    80    100
                              (%)
```
(2019年)
(2021年版「データでみる県勢」)

❾ **みかん**
ポイント▷ あたたかい地域で生産がさかん。

□ ❿ 中国・四国地方では，地図Ⅲのア〜ウで示した ［　　　］ が完成し，人やもののつながりが深まっている。　　　　　〈大分〉

地図Ⅲ

❿ **本州四国連絡橋**
ポイント▷ アは尾道・今治ルート，イは児島・坂出ルート，ウは神戸・鳴門ルート。

近畿地方

□❶霊場や参詣道が世界遺産に登録されている，地図Ⅰの**ア**が示す山地。　　　〈和歌山〉

❶紀伊山地

地図Ⅰ

□❷地図Ⅰの**イ**が示す湖。

❷琵琶湖

□❸地図Ⅰの**ウ**が示す島。

❸淡路島

□❹地図Ⅰの▢▢▢にある，特徴のある地形の海岸。　　　　　　　　　　　　〈宮城〉

❹リアス海岸

□❺地図Ⅰの▢▢▢の地域では，海岸地形を利用した〔　　　〕の養殖が盛んである。　　　　　　　　　　　　　　　　　　〈宮城〉

❺真珠

よくでる

□❻IC〔集積回路〕と個別半導体をおもな輸出品目としている地図Ⅰの**エ**が示す国際空港。

❻関西国際空港
ポイント▶ 海上につくられ，24時間利用が可能。

□❼日本の標準時子午線が通る地図Ⅰの**オ**の都市。

❼明石市

□ ⑧江戸時代，大阪は［　　　］と呼ばれ，諸
　藩が蔵屋敷を置いたこともあり，全国から
　特産物や年貢米が集まった。　　　　〈千葉〉

□ ⑨都市化が進展し，住宅不足を解消するため
　に，大都市の郊外に開発された，大規模な
　住宅地。　　　　　　　　　　　　　〈沖縄〉

□ ⑩大都市の周辺では，消費地に近い立地を生
　かして，輸送にかかる費用や時間を抑え，
　野菜や果物などを新鮮なうちに出荷する
　［　　　］農業が行われている。　〈栃木〉

□ ⑪大阪府から兵庫県南部にかけて広がる工業
　地帯。　　　　　　　　　　　　　　〈三重〉

□ ⑫神戸港の1995年の貿易総額は，［　　　］
　大震災の影響を受けたため，急激に減少し
　た。　　　　　　　　　　　　　　　〈長崎〉

□ ⑬資料Ｉのアにあてはまる，近畿地方の府県。
　　　　　　　　　　　　　　　　　　〈宮崎〉

資料Ｉ　国宝の指定件数

	0	50	100	150	200	250	300
							(件)
東京都							283
ア						237	
奈良県					206		
大阪府	62						
滋賀県	56						

［令和3年4月1日現在］
※国の指定件数の上位5都府県　　（文化庁資料）

□ ⑭昔から伝わる伝統的な材料をもとに作られ，
　現代まで受けつがれてきた工芸品。

⑧天下の台所

⑨ニュータウン
ポイント　関西では大阪の千里などが有名。

⑩近郊

⑪阪神工業地帯

⑫阪神・淡路

⑬京都府
ポイント　京都府，奈良県の文化財の多くは世界遺産（文化遺産）に登録されている。

⑭伝統的工芸品
ポイント　京都の西陣織や京友禅なども伝統的工芸品である。

中部地方

□ ❶ **地図Ⅰ**の飛驒山脈，木曽山脈とともに日本アルプスとされている**ア**の山脈。　〈愛媛〉

❶赤石山脈

地図Ⅰ

よくでる
□ ❷ 日本アルプスの東側にあり，日本列島を東西に分ける帯状の地域。　〈和歌山〉

❷フォッサマグナ

□ ❸ 中部地方は，**地図Ⅰ**のように［　A　］，［　B　］，［　C　］の三つに区分される。　〈埼玉〉

❸A：東海
　B：中央高地
　C：北陸

□ ❹ **資料Ⅰ**の**ア**にあてはまる果実。　〈岐阜〉

資料Ⅰ
果実の収穫量上位3県（2019年）

順位	ア	もも
1	山梨	山梨
2	長野	福島
3	山形	長野

（2021年版「データでみる県勢」）

❹ぶどう
ポイント 山梨県にはぶどう狩りやもも狩りのできる観光農園が多い。

□ ❺八ヶ岳や浅間山のふもとの高冷地では，レ
タスやキャベツなどの［　　　］の栽培が
さかんである。

❺高原野菜

□ ❻北陸地方では，季節風の影響で雪が多いた
め，農業ができないことから，家の中ででき
きる副業が発達し，これが［　　　］産業
として今日に受け継がれている。　〈茨城〉

❻地場

よくでる
□ ❼愛知県，三重県にまたがる［　　　］工業
地帯では，輸送機械の生産がさかんである。
〈栃木〉

❼中京
ポイント 製造品出荷
額が全国1位。豊田市
は自動車会社の本社や
工場が集まる企業城下
町。

□ ❽地図Ⅱの　　　　で示した，臨海部にアルミ
ニウム，製紙，水産加工品などさまざまな
工場が立地する工業地域。

❽東海工業地域

地図Ⅱ

よくでる
□ ❾グラフⅠのA，Bに該当する輸出品目。
〈三重〉

❾A：IC〔集積回路〕
B：自動車
ポイント IC〔集積
回路〕は小型・軽量で
高価なため採算が取れ
るので，空輸されるこ
とが多い。

グラフⅠ

中部国際空港の輸出総額に占める
おもな輸出品目の割合

A などの電子部品 8.7%
電気計測機器 8.6%
科学光学機器 4.7%
電気回路などの
機器 4.7%
輸出総額
9,342億円
〔2019年〕
その他
73.3%

名古屋港の輸出総額に占める
おもな輸出品目の割合

B 26.3%
自動車
部品16.7%
内燃機関 4.3%
金属加工
機械 3.9%
輸出総額
123,068億円
〔2019年〕
その他
48.8%

（2020/21年版「日本国勢図会」他）

関東地方

□ ❶日本の〔　　〕である東京は，政治，経済，文化の中心地である。　　　　　　　　〈埼玉〉

❶首都

□ ❷**地図Ⅰ**の**ア**は流域面積が日本最大の〔　　〕川である。　　　　　　　　　　　〈栃木〉

❷利根（とね）

地図Ⅰ

よくでる

□ ❸**地図Ⅰ**の▨で示した下総台地（しもうさ）は，〔　　〕層と呼ばれる火山灰が積もった赤土の層におおわれている。　　　　　　　　　　　〈千葉〉

❸関東ローム

よくでる

□ ❹輸出や輸入の貿易額が日本最大の，**地図Ⅰ**の**イ**の空港。　　　　　　　　　　　〈大分〉

❹成田国際空港（なりた）
ポイント IC〔集積回路〕の輸出が多い。

□ ❺関東地方の大部分は太平洋側の気候で，夏は蒸し暑く，冬は**地図Ⅰ**の**ウ**の〔　　〕山脈をこえる季節風〔モンスーン〕の影響を受けて乾燥する。　　　　　　　〈岐阜〉

❺越後

□ ❻ビルや商業施設が密集する都市では，気温が周辺地域より高くなる [　　　] 現象が見られる。　　　　　　　　　　　　〈岩手〉

❻ヒートアイランド

よくでる

□ ❼都心は通勤や通学などで日中は多くの人が集まるために，[A] 人口が [B] 人口より多い。　　　　　　　　　　　〈大分〉

❼A：昼間
　B：夜間
ポイント〉東京大都市圏には日本の中枢機能が集中している。

□ ❽野菜の産出額割合の上位5県を示した**資料Ⅰ**の，[　　　] にあてはまる県。　〈和歌山〉

資料Ⅰ

北海道	9.8%
茨城	7.4
[　　]	6.7
熊本	5.3
愛知	4.8
その他	66.0

(2018年)(2021年版「データでみる県勢」)

❽千葉
ポイント〉都市の周辺地域で，都市の消費者向けに生産する近郊農業が行われている。

よくでる

□ ❾おもな工業地帯・地域の生産割合とその変化を示した**資料Ⅱ**の**イ**にあてはまる工業地帯。　　　　　　　　　　　　〈福井〉

資料Ⅱ

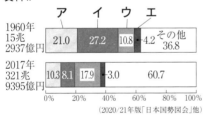

(2020/21年版「日本国勢図会」他)

❾京浜工業地帯
ポイント〉**ア**は阪神工業地帯，**ウ**は中京工業地帯，**エ**は北九州工業地域。

□ ❿**資料Ⅲ**は東京湾の千葉県の臨海部に位置する [　　　] 工業地域の製品出荷額等の割合を示している。　〈京都〉

資料Ⅲ

(2020/21年版「日本国勢図会」)

❿京葉

東北地方

□ ❶ 地図Ⅰの**ア**の山脈。　　　　　　　　　❶ 奥羽山脈

地図Ⅰ

津軽平野

ウ　青森県

ア　三陸沖

秋田平野　秋田県　岩手県

イ　山形県　宮城県　三陸海岸

奥羽山脈　北上川

福島県　仙台平野

（よくでる）

□ ❷ 地図Ⅰの**イ**が示す，日本有数の穀倉地帯と　　❷ 庄内平野
なっている平野。

（よくでる）

□ ❸ 地図Ⅰの三陸海岸の沖は暖流と寒流がぶつ　　❸ 潮目〔潮境〕
かる［　　　］にあたり，漁獲量の多い海　　　**ポイント▶** 暖流の黒潮
域である。　　　　　　　　　　　〈和歌山〉　　〔日本海流〕と，寒流
　　　　　　　　　　　　　　　　　　　　　　の親潮〔千島海流〕が
　　　　　　　　　　　　　　　　　　　　　　ぶつかる場所。

（よくでる）

□ ❹ 地図Ⅰの三陸海岸の南部や，志摩半島，宇　　❹ リアス海岸
和海の海岸などで見られる，入り江が多く
複雑な海岸。　　　　　　　　　　　〈京都〉

（よくでる）

□ ❺ 地図Ⅰの➡で示した，低温や日照不足をも　　❺ やませ
たらし，冷害の原因となることがある夏に
吹く冷たい北東の風。　　　　　　　〈長崎〉

□ ❻ 地図Ⅰの**ウ**は，ぶなの天然林でおおわれ，　　❻ 白神山地
世界遺産に登録されている［　　　］であ
る。　　　　　　　　　　　　　　　〈高知〉

□ ❼ **資料Ⅰ**のA・Bにあてはまる果実。　〈福島〉

資料Ⅰ　収穫量上位3県

順位	[A]	[B]
1	青森	山形
2	長野	山梨
3	岩手	

(2018年)(2021年版「データでみる県勢」)

❼ A：りんご
　B：さくらんぼ

□ ❽ 東北地方では，[　A　]県のねぶた祭，[　B　]県の竿燈まつり，宮城県の七夕まつりをはじめ，各地で伝統的な祭りが行われている。　〈福島〉

❽ A：青森
　B：秋田

□ ❾ 青森県の津軽塗や，[　　　]県の会津塗などは，国から伝統的工芸品として指定されている。　〈三重〉

❾ 福島

よくでる

□ ❿ **資料Ⅱ**，Ⅲからわかるように，東北地方のおもな半導体工場は，製品の輸送に便利な[　　　]沿いに分布している。　〈茨城〉

資料Ⅱ　半導体工場の分布　　**資料Ⅲ　[　　　]網**

(2021年版「データでみる県勢」)

(NEXCO東日本資料)

❿ 高速道路
　ポイント〉半導体などの電子部品は小型・軽量のわりに比較的高価なので，高速道路沿線や空港周辺に工場が進出している。

□ ⓫ 伝統的工芸品の一つである南部鉄器が国内のみならず海外でも高い評価を得ており，海岸部では入りくんだ地形を生かした漁業が行われている東北地方の県。　〈長崎〉

⓫ 岩手県

北海道地方

□❶**地図Ⅰ**の根釧台地では，夏のすずしい気候を利用して［　　　］がさかんで，おもにバターやチーズを全国に出荷している。
〈富山〉

❶酪農

□❷**地図Ⅰ**の十勝平野では［　　　］作がさかんである。

❷畑
　⚠ 稲作がさかんなのは石狩平野。

よくでる
□❸**地図Ⅰ**の**ア**の海流。
〈岩手〉

❸親潮〔千島海流〕

地図Ⅰ

天塩山地
石狩川
石狩平野
旭川
大雪山
根釧台地
釧路湿原
十勝平野
ア
日高山脈
イ

□❹北海道地方と東北地方をへだてる，**地図Ⅰ**の**イ**の海峡。
〈愛媛〉

❹津軽海峡

□❺明治時代のはじめ，政府は［　　　］という役所を置いて，蝦夷地を北海道と改め開発を進めた。
〈福井〉

❺(北海道)開拓使

□❻北海道の開拓にあたった，農民と兵士を兼ねた農兵。
〈愛媛〉

❻屯田兵

□❼北海道とその周辺地域で生活を営んできた先住民族の名称。
〈長崎〉

❼アイヌ(民族)

□❽2005年，北海道の［　　　］がユネスコの世界自然遺産に登録された。
〈三重〉

❽知床

歴史編

世界の古代文明と宗教 ……………… 50

縄文・弥生文化と国ぐにの誕生 … 52

聖徳太子の政治と
律令国家の成立 …………………… 54

奈良時代の暮らしと天平文化 …… 56

平安京と摂関政治，国風文化 …… 58

武士の台頭と鎌倉幕府 …………… 60

鎌倉文化と元寇，南北朝の動乱… 62

室町時代の産業の発達と
室町文化 …………………………… 64

ヨーロッパ人との出会い ………… 66

織田・豊臣の統一事業，
桃山文化 …………………………… 68

江戸幕府の成立と鎖国 …………… 70

江戸時代の改革，
農業や産業の発達………………… 72

元禄文化・化政文化 ……………… 74

ヨーロッパの近代革命，
産業革命……………………………… 76

開国と江戸幕府の滅亡 …………… 78

明治維新と文明開化……………… 80

自由民権運動の高まり …………… 82

日清戦争・日露戦争 ……………… 84

日本の近代産業と
第一次世界大戦 ………………… 86

アジアの民族運動と
大正デモクラシー ………………… 88

世界恐慌と日本の中国侵略 …… 90

第二次世界大戦と戦後改革 ……… 92

新たな時代の日本と世界 ………… 94

世界の古代文明と宗教

よくでる

□ ❶旧石器時代から使われた，**資料Ⅰ**のような，石をうち割ったりうちかいたりしてつくった石器。　〈高知〉

資料Ⅰ

❶打製石器

□ ❷新石器時代に使われるようになった，石の表面を磨いてつくられた道具。

❷磨製石器

□ ❸**地図Ⅰ**中の**ア**の川の流域で生まれた，巨大な神殿やスフィンクス，王の墓といわれるピラミッドがつくられた文明。　〈三重〉

❸エジプト文明

ポイント▶
アはナイル川，
イはチグリス川，
ウはユーフラテス川，
エはインダス川，
オは黄河。

地図Ⅰ

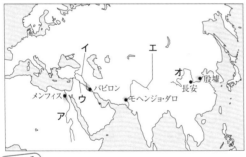

よくでる

□ ❹くさび形文字が用いられた，紀元前3500年頃に**地図Ⅰ**の**イ・ウ**の河川の流域に誕生した文明。　〈山口〉

❹メソポタミア文明

□ ❺紀元前2500年頃**地図Ⅰ**中**エ**の川の流域で栄え，モヘンジョ・ダロとよばれる都市がつくられた文明。　〈三重〉

❺インダス文明

□ ❻紀元前4000年より前に，**地図Ⅰ**中**オ**の川の流域で生まれた文明。　〈山梨〉

□ ❼中国文明と関係の深い**資料Ⅱ**の文字。

資料Ⅱ　〈山梨〉

（魚）　（雨）

よくでる

□ ❽漢字の基になった**資料Ⅱ**の文字が作られた，紀元前16世紀頃に**地図Ⅰ**中の**オ**の川の流域におこった国（王朝）。　〈岐阜〉

□ ❾紀元前3世紀に〔　　　〕の始皇帝は中国を統一した。　〈愛知〉

よくでる

□ ❿漢とその西方の地域を結ぶ陸上の交通路。　〈沖縄〉

□ ⓫シャカが，心の迷いを取り去れば，この世の苦しみから逃れられると説いた宗教。　〈新潟〉

□ ⓬アラビア半島のメッカで〔　　　〕は，唯一の神アッラー〔アラー〕を信仰するイスラム教をおこした。　〈愛知〉

□ ⓭イエスが，神の前ではみな平等で，神を信じる者は誰でもすくわれると説いた宗教。　〈新潟〉

よくでる

□ ⓮〔　　　〕は，自分の行いを正すことが国を治めるもとであると，儒学を説いた。（儒教）　〈新潟〉

❻中国文明

❼甲骨文字
ポイント〉亀の甲や獣の骨にきざまれていたのでこのようによばれる。

❽殷

❾秦
ポイント〉始皇帝は万里の長城を築いた。

❿シルクロード〔絹の道〕

⓫仏教

⓬ムハンマド〔マホメット〕

⓭キリスト教

⓮孔子

縄文・弥生文化と国ぐにの誕生

□❶青森県にある，縄文時代を代表する集落跡。
〈香川〉

❶三内丸山遺跡

□❷縄文時代，人々はさまざまな方法で食料を
獲得し，[　　　]住居などに住み，集落
を形成して定住化が進んでいった。〈東京〉

❷竪穴

□❸厚手で黒褐色の，**資料Ⅰ**の
ような土器。

資料Ⅰ

❸縄文土器

よくでる

□❹縄文時代の遺跡から出土し
た，**資料Ⅱ**のような土で作
られたものの名称。〈長崎〉

資料Ⅱ

❹土偶
ポイント▶ 安産や魔よ
け，豊作をいのるため
につくられた。

□❺弥生時代には，[　A　]が広まり，収穫
した稲をたくわえるための[　B　]がつ
くられた。〈富山〉

❺A：稲作
　B：高床倉庫

□❻うすく，赤みをおびた**資料
Ⅲ**のような土器。〈長崎〉

資料Ⅲ

❻弥生土器

よくでる

□❼佐賀県にある，弥生時代の代表的な遺跡で，
周囲を堀に囲まれた大規模な集落跡。〈愛知〉

❼吉野ヶ里遺跡

□ ❽弥生時代に使用された，**資料Ⅳ**の青銅器の名称。
〈山口〉

資料Ⅳ

❽銅鐸

□ ❾**資料Ⅴ**の金印は，1世紀中ごろに倭奴国王が中国の［　　］の皇帝から授けられたと考えられている。　〈富山〉

資料Ⅴ

❾漢

よくでる
□ ❿邪馬台国の女王［　　　　］が，倭の30ほどの国々を従え，使いを魏に送り，皇帝から「親魏倭王」という称号と銅鏡を授けられた。　〈埼玉〉

❿卑弥呼

よくでる
□ ⓫中国や朝鮮半島から日本に移り住み，土器をつくる技術や漢字などを伝えた人々。
〈和歌山〉

⓫渡来人

□ ⓬5世紀後半には，［　Ａ　］を中心とした［　Ｂ　］政権とよばれる強大な勢力ができあがった。　〈徳島〉

⓬Ａ：大王
　Ｂ：大和

よくでる
□ ⓭大和地方を中心につくられ，各地に広まった**資料Ⅵ**のような古墳の名称。　〈静岡〉

資料Ⅵ

⓭前方後円墳
ポイント 仁徳天皇の墓といわれる大仙古墳（大阪府）が有名。

聖徳太子の政治と律令国家の成立

□ ❶推古天皇の摂政となり，天皇中心の政治体制を整えようとした人物。　〈沖縄〉

❶ 聖徳太子〔厩戸皇子〕
ポイント▶ 推古天皇は初めての女性天皇。

□ ❷聖徳太子に協力し，天皇を中心とする政治制度を整えた豪族。　〈埼玉〉

❷ 蘇我馬子

よくでる
□ ❸資料Ⅰの，聖徳太子が制定した当時の役人の心がまえ。　〈和歌山〉

❸ 十七条の憲法
ポイント▶ 仏教，儒学（儒教）の考えをとり入れたもの。

資料Ⅰ

> 一に曰く，和をもって貴しとなし，さからうことなきを宗とせよ。
> 二に曰く，あつく三宝を敬え。三宝とは仏・法・僧なり。
> 三に曰く，詔をうけたまわりては必ずつつしめ。

よくでる
□ ❹聖徳太子が，家がらにとらわれず，才能のある人を役人に取り立てようと定めた制度。　〈沖縄〉

❹ 冠位十二階

よくでる
□ ❺遣隋使が派遣されたころに建てられた，現存する世界最古の木造建築を含む資料Ⅱの寺院。　〈静岡〉

❺ 法隆寺
ポイント▶ 釈迦三尊像などが置かれている。

資料Ⅱ

□ ❻7世紀前半に大陸の文化の影響を強く受けて栄えた仏教文化。

❻飛鳥文化

地理編

□ ❼607年に遣隋使として派遣された人物。　〈静岡〉

❼小野妹子

歴史編

□ ❽蘇我氏を倒したのち，土地と人民を国家が直接支配する新しいしくみをつくる改革を始め，その後即位して天智天皇となった人物の天皇即位前の名。　〈茨城〉

❽中大兄皇子

公民編

□ ❾中大兄皇子らが蘇我氏を倒した後にだした新政府の方針を示すもの。　〈千葉〉

❾改新の詔

資料編

□ ❿663年におこった，日本と新羅・唐連合軍との戦い。

❿白村江の戦い

□ ⓫天智天皇の没後，跡継ぎをめぐって672年におきた戦い。　〈埼玉〉

⓫壬申の乱

（よくでる）
□ ⓬壬申の乱に勝って即位した［　　　］天皇は，天皇を中心とする強い国家づくりを目指した。　〈富山〉

⓬天武
⚠ 天智天皇の弟の大海人皇子が即位した。

□ ⓭701年，中国の唐の法律にならって［　　　］が作られ，律令国家が成立した。　〈岐阜〉

⓭大宝律令

□ ⓮土地と人々を国家の直接支配下に置く制度。　〈宮崎〉

⓮公地・公民（制）

□ ⓯律令国家のもとで，地方は国に区分され，中央から派遣された［　　　］によって治められた。　〈香川〉

⓯国司

奈良時代の暮らしと天平文化

□❶710年に唐の都長安にならって奈良につくられた都。　〈岐阜〉

よくでる
□❷戸籍に基づいて6歳以上の男女に割り当てられた土地の名称。　〈大阪〉

よくでる
□❸戸籍に登録された6歳以上のすべての人々に口分田をあたえ，その人が死ぬと，国に返すことを定めた制度。　〈岐阜〉

□❹律令制度の税負担をまとめた**資料Ⅰ**のA〜Dにあてはまる語は何か。　〈高知〉

資料Ⅰ

種類	負担の主な内容
[　A　]	稲（収穫量の約3％）
[　B　]	労役のかわりの布
[　C　]	地方の特産物
労役・兵役	年間60日以下の労役や，九州の警備にあたる[　D　]などの兵役

よくでる
□❺743年に開墾をすすめるために出された，新しく開墾した土地はいつまでも自分の土地としてよいこととする法律。　〈埼玉〉

□❻❺により，さかんに土地の開墾を進めた貴族や寺社が持つようになった私有地。　〈山口〉

❶平城京
ポイント 長安は現在の中国の西安。

❷口分田

❸班田収授法

❹A：租
　B：庸
　C：調
　D：防人

❺墾田永年私財法

❻荘園

□ ❼ 聖武天皇が仏教の力によって国家を守るため，奈良の都に建てた寺。　　　　〈京都〉

□ ❽ 聖武天皇は仏教の力で国を治めようと考え，国ごとに[　Ａ　]寺と[　Ｂ　]寺をつくった。　　　　　　　　　　　　　　〈兵庫〉

□ ❾ 聖武天皇の時代のわが国が，制度や文化を取り入れるために使節を送った中国の王朝の名称。　　　　　　　　　　　　　　〈岩手〉

□ ❿ 遣唐使にともなわれて来日し，唐招提寺を開いた人物。　　　　　　　　　　〈兵庫〉

□ ⓫ 各地に池，用水，道路や橋などをつくり社会事業に貢献し，東大寺の造営にも協力した僧侶。

□ ⓬ 聖武天皇の頃に最も栄えた，国際色豊かな文化。　　　　　　　　　　　　　〈高知〉

□ ⓭ 奈良県にある，聖武天皇の愛用品を納めた建築物。　　　　　　　　　　　　〈沖縄〉

□ ⓮ 律令国家の成立とともに，[　Ａ　]や[　Ｂ　]といった歴史書がつくられた。〈香川〉

□ ⓯ 漢字を使って一字一音で日本語を書き表す表記方法が多く使用され，奈良時代に大伴家持によってまとめられたといわれる，現存する日本最古の和歌集。　　　　〈福島〉

□ ⓰ 8世紀になると，[　　　　]が発行され，貨幣の流通が見られるようになった。〈佐賀〉

❼ 東大寺

❽ Ａ・Ｂ(順不同)：
国分・国分尼

❾ 唐

❿ 鑑真

⓫ 行基

⓬ 天平文化

⓭ 正倉院

⓮ Ａ・Ｂ(順不同)：
『古事記』・
『日本書紀』

⓯ 万葉集

⓰ 和同開珎
🅰 7世紀後半にはすでに富本銭とよばれる貨幣が存在していたとみられる。

平安京と摂関政治,国風文化

□❶794年,平安京に都を移した天皇。〈佐賀〉

❶桓武天皇

□❷❶の天皇は,地方の政治を立て直すため,[A]に対する監督をきびしくするとともに,坂上田村麻呂を[B]とする軍を東北へ送った。〈富山〉

❷A:国司
　B:征夷大将軍

□❸平安時代に,4人の娘を天皇や皇太子のきさきにし,その間に生まれた子を天皇に立てて,勢力をのばした人物。〈埼玉〉

❸藤原道長

ポイント 道長とその子頼通の時代が藤原氏の最盛期である。

よくでる

□❹天皇が幼少のときだけでなく,成長したあとも天皇を助ける役職について,政治の実権をにぎるしくみ。〈岐阜〉

❹摂関政治

□❺遣唐使は,894年に,[　　　　　]の意見により停止され,それ以降,派遣されなかった。〈愛媛〉

❺菅原道真

□❻平安時代に栄えた,貴族を中心とした日本の風土や生活に合った独自の文化。〈滋賀〉

❻国風文化

□❼平安時代の貴族の邸宅の建築様式。

❼寝殿造

よくでる

□❽平安時代に発達した,日本語の発音を表す文字。〈静岡〉

❽かな文字

よくでる

□❾かな文字を用いて,紫式部が書いた長編小説。〈静岡〉

❾『源氏物語』

□ ⑩清少納言がかな文字を用いて著した文学作品。　〈岐阜〉

⑩『枕草子』

□ ⑪阿弥陀仏にすがり，死後に極楽浄土に生まれかわることを願う信仰。　〈福井〉

⑪浄土信仰

よくでる
□ ⑫藤原頼通は，極楽浄土への往生を願って，[　　　]を建てた。　〈山梨〉

⑫平等院鳳凰堂

□ ⑬[　A　]は比叡山に延暦寺を建て，[　B　]を広めた。　〈長崎〉

⑬A：最澄
B：天台宗

□ ⑭[　A　]は，高野山（和歌山県）に金剛峯寺を建てて，[　B　]を広めた。　〈埼玉〉

⑭A：空海
B：真言宗

□ ⑮資料Ⅰの，『源氏物語絵巻』のような，日本の風景や人物などを描いた絵。　〈三重〉

⑮大和絵
ポイント 貴族の邸宅の屏風や障子，絵巻物等に描かれた。

資料Ⅰ

□ ⑯紀貫之らによって編集された和歌集。〈山梨〉

⑯『古今和歌集』

□ ⑰奥州藤原氏三代の基礎を築いた藤原清衡は，平泉に [　　　] を建てた。　〈石川〉

⑰中尊寺金色堂

□ ⑱貴族や寺社などが開墾を進め，平安時代には私有地である [　　　] が広がった。　〈兵庫〉

⑱荘園

武士の台頭と鎌倉幕府

よくでる

□ ❶ 白河天皇は，天皇の位をゆずって上皇となったのちも政治を行う，[　　　]をはじめた。　　　　　　　　　　〈宮城〉

❶ 院政

よくでる

□ ❷ 武士として初めて太政大臣となった人物。　　　　　　　　　　　〈静岡〉

❷ 平清盛

□ ❸ 平清盛が整備した，**地図Ⅰ**中の**ア**の港。〈沖縄〉

地図Ⅰ

❸ 大輪田泊
ポイント▶ 日宋貿易をさかんにするために整備された。

□ ❹ 源義経によって，平氏がほろぼされた，**地図Ⅱ**中の**ア**の地名。　　　　〈三重〉

地図Ⅱ

❹ 壇ノ浦

よくでる

□ ❺ 征夷大将軍に任命されて鎌倉幕府を開き，武士による新しい政治をはじめた人物。

〈香川〉

❺ 源頼朝

□ ❻源頼朝は，国ごとに [A] を，荘園や公領ごとに [B] を設置することを，朝廷に認めさせた。　〈香川〉

よくでる
□ ❼将軍と武士との主従関係を示した**資料Ⅰ**のA〜Cに入る言葉は何か。　〈鹿児島〉

資料Ⅰ

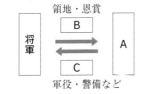

領地・恩賞

軍役・警備など

□ ❽1221年，後鳥羽上皇が，北条氏打倒を全国の武士に呼びかけて兵を挙げ，幕府の軍に敗れたできごと。　〈栃木〉

□ ❾源頼朝の妻で，鎌倉の武士たちに頼朝の御恩を説いて結束をうったえ，承久の乱で幕府を勝利に導いた人物。　〈福島〉

よくでる
□ ❿鎌倉幕府は，承久の乱の後，[　　] を置いて，朝廷の監視を強めた。　〈岩手〉

□ ⓫源頼朝の死後，鎌倉幕府では北条氏による [　　] 政治が行われた。　〈富山〉

よくでる
□ ⓬1232年に，北条泰時が，武士の裁判の基準として定めた法律の名称。　〈岐阜〉

---

❻A：守護
　B：地頭

❼A：御家人
　B：御恩
　C：奉公
ポイント 土地を仲立ちとして，将軍と御家人が御恩と奉公の関係で結ばれていた。

❽承久の乱

❾北条政子

❿六波羅探題

⓫執権

⓬御成敗式目
〔貞永式目〕

地理編　歴史編　公民編　資料編

鎌倉文化と元寇,南北朝の動乱

□❶鎌倉時代, [　A　] らが [　B　] 像を
　制作し, 東大寺の南大門におさめた。〈千葉〉

❶A:運慶
　B:金剛力士

□❷後鳥羽上皇の命により, 貴族や僧などの歌
　を集めた [　　　] がまとめられた。〈京都〉

❷『新古今和歌集』

□❸琵琶法師によって語られた, 平氏と源氏の
　戦いをえがいた軍記物。

❸『平家物語』

□❹鎌倉時代に兼好法師があらわした随筆。
　〈鳥取〉

❹『徒然草』

□❺法華経の題目(南無妙法蓮華経)を唱えれば,
　人も国家も救われると説いた人物。〈埼玉〉

❺日蓮

□❻資料Ⅰは, [　　　] を開いた一遍の一生
　を描いた絵巻物である。〈埼玉〉

❻時宗

資料Ⅰ

□❼浄土宗を開き, 浄土信仰の教えを徹底する
　ことを主張した人物。〈埼玉〉

❼法然
　ポイント▶ 法然の弟子
　の親鸞は浄土真宗を開
　いた。

よくでる

□ ❽ 宋にわたった栄西や道元により，[　　　]が伝えられ武士に信仰された。　〈岩手〉

□ ❾ 文永の役が起こったときの，元の皇帝の名前。　〈山形〉

□ ❿ 執権 [　A　] が元からの服従の要求をこばみ，元軍が2度に渡って襲来したことを [　B　] という。　〈山口〉

□ ⓫ 元寇において，元軍の [　A　] 戦法や [　B　] を使った武器に幕府軍は苦戦した。　〈山口〉

□ ⓬ 元寇の後に，生活が苦しくなった御家人たちを救済するために鎌倉幕府が出した法令。　〈佐賀〉

□ ⓭ [　　　] 天皇は，楠木正成や足利尊氏らとともに鎌倉幕府をたおし，天皇中心の新しい政治をおこなった。　〈香川〉

□ ⓮ 後醍醐天皇による，天皇中心の政治。〈香川〉

□ ⓯ 武家政治の再興をめざす [　　　] が京都で新しい天皇を立てると，後醍醐天皇は吉野にのがれて対立した。　〈茨城〉

よくでる

□ ⓰ 室町幕府で，有力な守護大名が任命された将軍の補佐役。　〈宮崎〉

---

❽ 禅宗

ポイント▷ 栄西は臨済宗，道元は曹洞宗を伝えた。

❾ フビライ・ハン

❿ A：北条時宗
　B：元寇

⚠ 一度目の襲来を文永の役，二度目の襲来を弘安の役という。

⓫ A：集団
　B：火器〔火薬〕

⓬ （永仁の）徳政令

ポイント▷ 恩賞が少なく，領地の分割相続などにより御家人の生活は困窮していた。

⓭ 後醍醐

⓮ 建武の新政

⓯ 足利尊氏

⓰ 管領

室町時代の産業の発達と室町文化

（よくでる）
□❶南北朝の内乱を終わらせた，室町幕府3代将軍の名前。　　　　　　　　〈佐賀〉

❶足利義満

□❷13〜16世紀に，おもに朝鮮半島や中国の沿岸で海賊行為をはたらいた人々。

❷倭寇

（よくでる）
□❸資料Iのような合い札を用いて行われた貿易。

資料I

〈栃木〉

❸勘合貿易
〔日明貿易〕
⚠ 江戸時代の朱印船貿易と区別すること。

（よくでる）
□❹琉球王国は東南アジア，明，日本などと[　　　]貿易をおこない繁栄した。
　　　　　　　　　　　　　　　　　　　　〈長崎〉

❹中継
ポイント 中継貿易とは，他国から商品を輸入し，別の国へ輸出すること。

（よくでる）
□❺室町時代の農村の自治組織。　　　〈愛媛〉

❺惣

□❻商人や手工業者は同業者ごとに[　　　]をつくった。　　　　　　　　　〈茨城〉

❻座

□❼8代将軍足利義政のときに，将軍のあとつぎ問題をめぐる対立がおこり，[　　　]が始まった。　　　　　　　　　　　　　〈埼玉〉

❼応仁の乱
ポイント 細川氏と山名氏が介入した。

□❽馬借や農民は，[　　　]を出すよう幕府に要求し，また，酒屋や土倉におしかけて，借金証文を破りすてた。　　　〈三重〉

❽徳政令
ポイント 徳政令は借金などを帳消しにする法令。

□ ⑨信仰で結びついた武士や農民が[　　]を起こし，領主を追放した国もみられた。
〈和歌山〉

□ ⑩室町時代の後半に現れた，独自の軍隊をもち領国を実力で支配する大名。　〈広島〉

□ ⑪戦国大名が，武士や農民の行動をとりしまるために定めた独自のきまり。　〈新潟〉

よくでる
□ ⑫実力のある者が，身分の高い者にうちかつ風潮。　〈新潟〉

□ ⑬足利義政の意向により，京都の東山に[　　]が建てられた。　〈千葉〉

□ ⑭銀閣に代表される，簡素で落ち着いた文化。

よくでる
□ ⑮ふすまや障子でしきり，たたみをしき，床の間をもつ，資料Ⅱのような住宅建築の様式。
〈兵庫〉

資料Ⅱ

□ ⑯[　A　] は，墨一色で自然などを描く「　B　」を大成させた。　〈静岡〉

□ ⑰観阿弥・世阿弥親子により，猿楽や田楽などの芸能が [　　] として大成された。
〈埼玉〉

⑨一向一揆
ポイント 一向宗〔浄土真宗〕の信者の一揆。

⑩戦国大名

⑪分国法

⑫下剋上

⑬銀閣
⚠ 足利義満が北山に建てたのは金閣である。

⑭東山文化
⚠ 金閣は北山文化。

⑮書院造

⑯A：雪舟
　B：水墨画

⑰能 〔能楽〕

ヨーロッパ人との出会い

□ **❶** キリスト教の聖地エルサレムなどをイスラム教徒から奪いかえすためにローマ教皇のよびかけによって派遣された軍隊。

❶ 十字軍

□ **❷** ❶の遠征の影響により，14世紀に西ヨーロッパで起きた，古代ギリシャやローマの文化を手がかりに，人間のいきいきとした姿が文学や美術で描かれ始めた文化の動き。
〈三重〉

❷ ルネサンス〔文芸復興〕

□ **❸**『モナ・リザ』を描いた，イタリアの美術家。

❸ レオナルド・ダ・ビンチ

□ **❹**『ダビデ像』をつくった，イタリアの彫刻家。

❹ ミケランジェロ

□ **❺** 16世紀のドイツで宗教改革を始めた人物の名前。〈山口〉

❺ ルター

よくでる

□ **❻** 地図Ⅰ中の**ア**は，16世紀に世界一周を果たした [　　　] 一行の航路を示したものである。〈愛知〉

❻ マゼラン

⚠ マゼラン，バスコ・ダ・ガマはポルトガル人の航海者，コロンブスはイタリア出身の航海者である。

地図Ⅰ

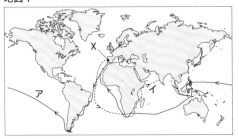

□ **❼地図Ⅰ**中の**Ⅹ**の国を出発し，**イ**の航路でアフリカの喜望峰を回り，1498年にインドに到達した人物。　〈北海道〉

□ **❽**1492年，スペインの援助をうけた［　　　］が大西洋を横断した。

よくでる
□ **❾**16世紀中ごろ，日本にキリスト教を伝えたイエズス会の宣教師。　〈大阪〉

□ **❿**キリスト教信者の大名がヨーロッパに派遣した4人の少年の使節。　〈北海道〉

□ **⓫**［　　　］貿易は，16世紀中ごろに，ポルトガルの商人がわが国に来航するようになって始まった。　〈大阪〉

よくでる
□ **⓬地図Ⅱ**中の**ア**は，室町時代の後半に，［　**A**　］人によって鉄砲が伝えられた島として有名な［　**B**　］である。　〈福井〉

地図Ⅱ

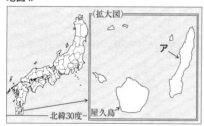

□ **⓭**鉄砲は，現在の大阪府にある，当時の自治都市の［　　　］などで，さかんにつくられるようになった。

□ **⓮**16世紀のヨーロッパでも知られていた，**地図Ⅲ**に示した**イ**の銀山。　〈三重〉

地図Ⅲ

［イ］銀山

---

❼バスコ・ダ・ガマ

地理編

❽コロンブス

歴史編

❾フランシスコ・ザビエル
❿天正遣欧使節

公民編

⓫南蛮
ポイント▶ スペイン人，ポルトガル人を指して南蛮人とよんだ。

⓬A：ポルトガル
　B：種子島

資料編

⓭堺

⓮石見

織田・豊臣の統一事業,桃山文化

□❶室町幕府を滅ぼし,長篠の戦いで鉄砲を効果的に用いて,武田氏を破った人物。〈北海道〉

❶織田信長

よくでる
□❷織田信長は,1560年,[　　　]の戦いで今川氏をやぶった。　　　　　　　　　〈静岡〉

❷桶狭間

よくでる
□❸織田信長が行った,安土城下の市場の税を免除して,だれでも自由に商工業ができるようにした政策。　　　　　　　　　　　〈広島〉

❸楽市・楽座

□❹織田信長は,商工業を活発にするために,[　　　]を廃止した。　　　　　　〈山口〉

❹関所

□❺織田信長は,家臣の[　A　]に攻められ自害した。これを[　B　]の変という。

❺A:明智光秀
　B:本能寺

□❻織田信長の家臣で,天下統一を果たした資料Iの人物。　　〈山口〉

資料I

❻豊臣秀吉

□❼資料Iの人物が本拠地とし,狩野永徳らにふすまや屏風に絵を描かせた城の名称。　〈栃木〉

❼大阪城

□❽豊臣秀吉は,[　　　]の地位につき,天皇の伝統的な権威を利用して政治を行った。

❽関白

よくでる
□❾豊臣秀吉が行った,農民などから武器を取り上げる政策。　　　　　　　　　〈高知〉

❾刀狩

よくでる

□ ❿ 豊臣秀吉が行った，全国の田畑をはかり，土地のよしあしや生産高，耕作している農民の名前を調べた政策。　〈兵庫〉

❿太閤検地

よくでる

□ ⓫ 豊臣秀吉が❾や❿などを通して身分制社会の土台をつくるために進めた政策の総称。　〈栃木〉

⓫兵農分離

□ ⓬ 豊臣秀吉による［　　　］出兵の際，日本に連れてこられた陶工によって陶磁器づくりが伝えられた。

⓬朝鮮
ポイント 1592年の文禄の役，1597年の慶長の役の2度の出兵。

□ ⓭ 豊臣秀吉が出した，宣教師の国外追放令。　〈大阪〉

⓭バテレン追放令

よくでる

□ ⓮ 千利休が茶室をつくったころに生まれた，権力や富をほこった大名や豪商の気風を反映した豪華で壮大な文化。　〈岩手〉

⓮桃山文化

□ ⓯ ［　A　］は，城の内部の襖や屏風に，『唐獅子図屏風』などの華やかな［　B　］を描いた。　〈山口〉

⓯A：狩野永徳
　B：障壁画

□ ⓰ 民衆が小唄をつくり，［　　　］がはじめたかぶき踊りが人気を集めた。　〈岩手〉

⓰出雲の阿国

□ ⓱ 茶の湯を茶道（わび茶）として大成させた人物。　〈長崎〉

⓱千利休

□ ⓲ 日本人が西洋風の絵を描いたり，日本の書物がローマ字で印刷されたりする［　　　］文化が桃山文化に影響を与えた。　〈埼玉〉

⓲南蛮
ポイント 南蛮貿易によって学問や技術が伝わった。

江戸幕府の成立と鎖国

□❶［　A　］は，豊臣政権を守ろうとする石田三成らを［　B　］で破り，江戸幕府を開いた。〈宮崎〉

❶A：徳川家康
　B：関ヶ原の戦い

□❷江戸幕府が大名を統制するために定めた**資料Ⅰ**の法律の名称。〈埼玉〉

資料Ⅰ

> 一，大名は，毎年4月中に江戸へ参勤すること。
> 一，大名は，かってに結婚してはいけない。

❷武家諸法度

□❸徳川氏一族の大名。〈三重〉

❸親藩

□❹関ヶ原の戦いより前から徳川氏の家臣であった大名。〈三重〉

❹譜代大名

□❺関ヶ原の戦い後に徳川氏にしたがった大名。〈三重〉

❺外様大名
ポイント 外様大名は江戸から遠い地域に配置された。

□❻徳川家康は，西国大名や大商人などに対し，**資料Ⅱ**のような海外渡航許可書である［　　　］を与え，東南アジア諸国との貿易を積極的に行った。〈千葉〉

資料Ⅱ

❻朱印状
⚠ 室町時代の勘合と区別する。

□❼朱印船貿易が盛んになると，東南アジアに居住して活動する日本人も増え，シャムのアユタヤなどに［　　　］がつくられた。〈千葉〉

❼日本町

□ ❽17世紀前半から江戸幕府が行った，禁教と貿易統制などを徹底する政策。 〈大阪〉

❽鎖国

□ ❾貿易を統制するため，幕府が長崎につくった人工の島。

❾出島

よくでる

□ ❿江戸時代，外国との貿易は，窓口が長崎などに限定され，相手国も清や［　　　］，朝鮮などに限定された。 〈岩手〉

❿オランダ

□ ⓫江戸時代に，日本の将軍が代わるごとに朝鮮から派遣された使節の名称。 〈茨城〉

⓫朝鮮通信使

□ ⓬1637年，キリスト教の禁止や重税に反対して，［　　　］がおこった。 〈長崎〉

⓬島原・天草一揆〔島原・天草の乱〕

□ ⓭江戸幕府が大名を統制するため，大名に対して1年ごとに江戸と領地を行き来させたこと。 〈北海道〉

⓭参勤交代

よくでる

□ ⓮鎖国や参勤交代は3代将軍［　　　］によって確立された。 〈大阪〉

⓮徳川家光

□ ⓯江戸時代に整備された，地図Ⅰ中のア～オの主要道路の総称。

⓯五街道

🔺 アは東海道，イは中山道，ウは甲州道中，エは奥州道中，オは日光道中。

地図Ⅰ

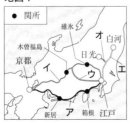

● 関所

碓氷
木曽福島
京都
オ 白河
日光
イ ウ エ
新居 ア 箱根 江戸

江戸時代の改革,農業や産業の発達

□❶徳川綱吉のときの改鋳で低くなっていた貨幣の質を元にもどした幕府の中心人物の名前。　　　　　　　　　　　　　〈愛媛〉

❶新井白石

□❷享保の改革で,裁判の基準となる〔　　　〕がつくられた。　　　　　　　　　　　〈長崎〉

❷公事方御定書
ポイント 享保の改革を進めた徳川吉宗が定めた。

□❸享保の改革では,民衆の意見を政治の参考にするため〔　　　〕が設けられた。〈神奈川〉

❸目安箱

□❹農民は,土地を深く耕すことのできる**資料Ⅰ**の〔　A　〕や,脱穀に便利な**資料Ⅱ**の〔　B　〕などを利用して農作業を効率的に進めた。　　　　　　　　　　　　〈東京〉

資料Ⅰ　　　　　　　　　**資料Ⅱ**

❹A：備中鍬
　B：千歯こき

□❺**地図Ⅰ**中の**ア**にあたる,房総半島をまわって,東北地方などの米を江戸に運んだ航路。　　　〈千葉〉

地図Ⅰ

大阪
ア
江戸

❺東廻り航路
ポイント これに対し,日本海側を通って大阪に至る航路は西廻り航路とよばれる。

よくでる
□❻老中〔　A　〕は,商工業者の〔　B　〕を認めて税を取るとともに,長崎貿易をさかんにしようとした。　　　　　　〈徳島〉

❻A：田沼意次
　B：株仲間

よくでる
□❼松平定信が始めた改革の名称。　〈山形〉

❼寛政の改革

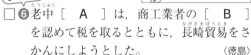

□ **❽** 江戸時代後半には，百姓一揆や，町人による**資料Ⅲ**のような[　　]が増加した。 〈栃木〉

資料Ⅲ

発生した年	発生した場所
天保7年 （1836年）	下野国 安蘇郡
できごと	
米価の上昇により生活に困った人々が，米屋6軒を襲った。	

❽打ちこわし

よくでる
□ **❾** 天保のききんのころ，元は大阪町奉行の役人であった[　　]が，門弟を率いて大商人をおそった。 〈埼玉〉

❾大塩平八郎

よくでる
□ **❿** 天保の改革を行った老中。 〈岐阜〉

❿水野忠邦

□ **⓫** 天保の改革では，きびしい[　　]を出して，ぜいたく品を禁止し，出版や風俗を取り締まった。 〈千葉〉

⓫倹約令

□ **⓬** 天保の改革では，物価を下げるために，[　　]の解散を命じた。 〈千葉〉

⓬株仲間
⚠ 田沼意次の政策と区別する。

□ **⓭** 江戸時代，農村では，犯罪の防止や年貢の納入に連帯責任を負わせる[　　]の制度が整った。 〈岩手〉

⓭五人組

□ **⓮** 江戸時代，大阪は，全国の金融や商業の中心となり，「[　　]」とよばれた。〈愛知〉

⓮天下の台所

□ **⓯** 商業の中心地であった大阪などに，各藩が年貢米などを売るために設けた施設。〈徳島〉

⓯蔵屋敷

□ **⓰** 19世紀に生まれた，作業場に道具や農村からきた働き手を集め，製品を分業で大量に仕上げる生産のしくみ。 〈滋賀〉

⓰工場制手工業〔マニュファクチュア〕

元禄文化・化政文化

☐ ❶ 5代将軍徳川綱吉のとき，[　　　] 文化
とよばれる庶民中心の文化が栄えた。〈高知〉

☐ ❷ 徳川綱吉が奨励した [　　　] 学が学問の
中心となり，広く学ばれた。　　　　〈愛知〉

☐ ❸ 大阪の町人である [　　　] は，人々の生
活や感情を浮世草子に著した。　　　〈千葉〉

☐ ❹ [　　　] は，人形浄瑠璃の脚本で義理と人
情に生きる男女の悲劇をえがいた。〈埼玉〉

☐ ❺ [　　　] は俳諧を芸術に高め，多数の俳
句をよみこんだ『おくのほそ道』を著した。
〈千葉〉

☐ ❻ 資料Ⅰは，[　　　] の描い
た『見返り美人図』とよばれ
る浮世絵である。　〈和歌山〉

資料Ⅰ

☐ ❼ 『古事記伝』を著した [　A　] が大成し
た [　B　] は，幕末の尊王攘夷運動に影
響を与えた。　　　　　　　　　　〈愛媛〉

☐ ❽ 18世紀後半には，杉田玄白らが「[　A　]」
を出版し，[　B　] の基礎を築いた。〈岐阜〉

---

❶ 元禄
⚠ 上方中心の文化。

❷ 朱子

❸ 井原西鶴
ポイント 『日本永代
蔵』が代表作。

❹ 近松門左衛門
ポイント 『曽根崎心
中』が代表作。

❺ 松尾芭蕉

❻ 菱川師宣

❼ A：本居宣長
B：国学

❽ A：解体新書
B：蘭学

□ ⑨19世紀前半に，測量にもとづく日本地図作成の中心となった人物の名前。　〈長崎〉

⑨伊能忠敬

よくでる
□ ⑩江戸時代の日本において，町人や農民の子どもたちが学んだ民間の教育施設の名称。　〈栃木〉

⑩寺子屋

□ ⑪江戸時代の半ばごろから諸藩でさかんに設立され，おもに藩士の子弟のための教育がおこなわれた教育機関。　〈香川〉

⑪藩校

よくでる
□ ⑫19世紀のはじめに，江戸を中心として栄えた町人文化。　〈京都〉

⑫化政文化

よくでる
□ ⑬[　　　]は，錦絵とよばれる多色刷り版画ですぐれた美人画を残した。　〈埼玉〉

⑬喜多川歌麿

□ ⑭**資料Ⅱ**のような浮世絵の版画による風景画を得意とした人物。**資料Ⅱ**　〈徳島〉

⑭葛飾北斎
ポイント 資料Ⅱは代表作の『富嶽三十六景』の中の一枚。

□ ⑮江戸から京都までの風景を描いた『東海道五十三次』を完成させた人物。　〈三重〉

⑮歌川〔安藤〕広重

□ ⑯[　　　]は，庶民の生活を生き生きと描き，『東海道中膝栗毛』を著した。　〈千葉〉

⑯十返舎一九

□ ⑰[　　　]によって『南総里見八犬伝』などの物語が書かれた。　〈長崎〉

⑰滝沢〔曲亭〕馬琴

ヨーロッパの近代革命,産業革命

□ ❶ ベルサイユ宮殿は，フランスの［ 　　 ］の時代に建てられたもので，当時の国王の権威をよく表している。 〈岐阜〉

□ ❷ 17世紀から18世紀にかけて，ヨーロッパで市民を中心としておきた，自由で平等な社会の実現をめざした革命。 〈神奈川〉

□ ❸ イギリスでは,17世紀に二度の革命が起こり，1689年に［ 　　 ］を制定した。〈大阪〉

よくでる

□ ❹ フランスでは，1789年に［ A ］がおこり，同じ年，自由，平等，国民〔人民〕主権などをうたう［ B ］が発表された。 〈栃木〉

□ ❺ ヨーロッパの大部分を征服し，フランス革命の理念をヨーロッパ中に広めたフランスの皇帝。 〈京都〉

よくでる

□ ❻ 『法の精神』を著して三権分立を唱え，現代の民主的な政治制度に影響をあたえた，資料Ⅰのフランス人の思想家。 〈大分〉

資料Ⅰ

□ ❼ イギリスとの［ A ］戦争に勝利したアメリカ合衆国では，三権分立などを柱とする［ B ］が制定された。 〈愛知〉

❶ **絶対王政**

ポイント フランスではルイ14世のときに全盛期をむかえた。

❷ **市民革命**

❸ **権利章典**

⚠ 二度の革命とは清教徒〔ピューリタン〕革命，名誉革命のこと。

❹ A：**フランス革命**
　 B：**人権宣言**

❺ **ナポレオン**

❻ **モンテスキュー**

⚠ ロックは『統治二論』を，ルソーは『社会契約論』を，それぞれ著した。

❼ A：**独立**
　 B：**合衆国憲法**

□ ❽アメリカの [　　　] は，人が生まれなが
　らにしてもつ権利の中に，生命，自由およ
　び幸福追求が含まれるとした。　　　〈愛知〉

❽独立宣言

よくでる
□ ❾保護貿易を主張して，奴隷制度に反対する
　北部と，自由貿易を主張して，奴隷制度に
　賛成する南部の対立により起こったアメリ
　カの内戦。　　　　　　　　　　　　〈三重〉

❾南北戦争
ポイント▶ 北部出身の
リンカン〔リンカー
ン〕大統領は奴隷解放
を宣言した。

よくでる
□ ❿18世紀に，蒸気機関が実用化され，工業製
　品が大量に生産されるようになった，生産
　のしくみの変化のこと。　　　　　　〈福島〉

❿産業革命

□ ⓫産業革命の結果，人々の間に大きな貧富の
　差が生じるなど，深刻な問題が見られ始め
　ると，こうした問題を19世紀に [　　] は
　追究し，社会主義の考えに影響をあたえた。
　　　　　　　　　　　　　　　　　　〈佐賀〉

⓫マルクス

よくでる
□ ⓬アヘンを厳しく取りしまった清を，イギリ
　スが海軍の圧倒的な攻撃力で屈服させた戦
　争。　　　　　　　　　　　　　　　〈佐賀〉

⓬アヘン戦争

□ ⓭⓬で清に勝利したイギリスは，清と
　[　　　] 条約を結び，香港を手に入れ，
　上海などの港を開かせた。　　　　　〈佐賀〉

⓭南京

□ ⓮19世紀半ば，中国では政府が農民に重税を
　課したため，[　　　] の乱が起こった。
　　　　　　　　　　　　　　　　　　〈愛知〉

⓮太平天国

□ ⓯インドで広まった，イギリス東インド会社
　にやとわれていたインド兵の反乱。　〈宮崎〉

⓯インド大反乱

開国と江戸幕府の滅亡

□❶ 1853年に，**資料Ⅰ**の［　　　］率いるアメリカ艦隊が浦賀に来航し，江戸幕府に開国を求めた。　〈香川〉

資料Ⅰ

❶ペリー

□❷ ペリーが再び来航した際に幕府が結んだ条約。　〈岩手〉

❷日米和親条約

□❸ 1858年に江戸幕府がアメリカ合衆国と結んだ，函館ほか5港を開港した条約。〈大阪〉

❸日米修好通商条約

□❹ 日米修好通商条約で自由な貿易を行うことを認められた，函館以外の**地図Ⅰ**中ア〜エの港。〈埼玉〉

地図Ⅰ

（下田は日米修好通商条約で閉鎖）

❹ア：新潟
イ：神奈川〔横浜〕
ウ：兵庫〔神戸〕
エ：長崎

〔よくでる〕

□❺ 開国反対派の意見をおさえ，朝廷の許可を得ずに日米修好通商条約を結んだ人物。〈佐賀〉

❺井伊直弼

〔よくでる〕

□❻ 日米修好通商条約は，［　A　］を認め，［　B　］がないなど，日本にとって不利で，不平等な内容をふくんでいた。〈埼玉〉

❻A：領事裁判権
　〔治外法権〕
B：関税自主権

□ ❼❸の条約が結ばれた後，大老の井伊直弼が幕府の政策に反対する大名や公家，尊王攘夷派の武士を処罰したできごと。　〈愛媛〉

❼安政の大獄

□ ❽長州藩などに根強かった，天皇を尊び外国人を追い払うという考え方。　〈富山〉

❽尊王攘夷

□ ❾長州藩の［　　　］は，松下村塾で，尊王攘夷運動の指導者を育てた。　〈三重〉

❾吉田松陰

ポイント〉高杉晋作らを育てた。

よくでる

□ ❿井伊直弼が，水戸藩などの浪士に暗殺された事件。　〈佐賀〉

❿桜田門外の変

□ ⓫通商条約締結後に開始された貿易で，日本から輸出された**資料Ⅱ**のXの品目。　〈富山〉

資料Ⅱ
日本の輸出品とその割合(1865年)

その他 10.1
茶 10.5
総額 約1849万ドル
X 79.4%

⓫生糸

ポイント〉勘合貿易や南蛮貿易，朱印船貿易では，生糸はおもな輸入品であったが，幕末以降は主要な輸出品になった。

□ ⓬1866年，土佐藩出身の［　A　］らのなかだちで，［　B　］同盟が成立した。〈栃木〉

⓬A：坂本龍馬
　B：薩長

□ ⓭1867年に，将軍徳川慶喜が政権を朝廷に返上したできごと。　〈香川〉

⓭大政奉還

□ ⓮大政奉還の後，天皇を中心とする新政府の成立を宣言する［　　　］が発せられた。　〈宮城〉

⓮王政復古の大号令

□ ⓯旧幕府軍は，［　A　］で新政府軍と戦いを始め，函館での戦いを最後に降伏した。これらの戦いを［　B　］という。〈北海道〉

⓯A：鳥羽・伏見
　B：戊辰戦争

明治維新と文明開化

<よくでる>

☐ ❶ **資料Ⅰ**の，1868年に発布された，明治政府の新しい政治の方針を明らかにしたもの。

❶五箇条の御誓文

資料Ⅰ 〈新潟〉

一　広ク会議ヲ興シ，万機公論ニ決スヘシ
一　上下心ヲ一ニシテ，盛ニ経綸ヲ行フヘシ
一　官武一途庶民ニ至ル迄，各其志ヲ遂ケ，人心ヲシテ倦マサラシメンコトヲ要ス
一　旧来ノ陋習ヲ破リ，天地ノ公道ニ基クヘシ
一　智識ヲ世界ニ求メ，大ニ皇基ヲ振起スヘシ

☐ ❷ 近代国家をめざして中央集権化を進めるための政策として，[　　　]で土地と人民を政府に返させた。 〈埼玉〉

❷版籍奉還
ポイント▶ 版籍奉還後は，旧藩主が引き続き藩の政治を行った。

☐ ❸ 1871年，明治政府が，藩にかえて全国に府，県を設置し，府知事，県令を派遣して治めさせるようにした改革。 〈愛媛〉

❸廃藩置県

<よくでる>

☐ ❹ 明治政府が，欧米諸国に対抗するためにとった，経済を発展させ，国力をつけ，軍隊を強くすることを目的とした政策。〈和歌山〉

❹富国強兵

☐ ❺ 条約改正の予備交渉を目的として明治政府から欧米諸国に派遣された，**資料Ⅱ**の人物を中心とする一団。 〈佐賀〉

資料Ⅱ

❺岩倉使節団
ポイント▶ **資料Ⅱ**は岩倉具視。大久保利通，木戸孝允，伊藤博文らがともに欧米を巡遊した。

□ ❻ 1872年に公布された，6歳以上のすべての男女に学校教育を受けさせるという法令。〈長崎〉

❻学制

□ ❼ 1873年に[　　　]が出され，満20歳になった男子に兵役が義務づけられた。〈愛知〉

❼徴兵令

よくでる

□ ❽ 明治政府が改革のために必要となる財源を安定させるために行った，それまでの米で税を納める方法から，現金で納める方法へと変更した税制の改革。〈鳥取〉

❽地租改正

ポイント 政府は，土地の所有者と価格をのせた地券を発行した。

よくでる

□ ❾ 明治政府が富国強兵の一環として，近代的な産業を育てることをめざした政策。〈宮城〉

❾殖産興業

□ ❿ 明治政府は，殖産興業を進め，群馬県の[　　　]製糸場などの官営模範工場をつくったり，博覧会を開いたりして，新技術の開発と普及をはかった。〈埼玉〉

❿富岡

□ ⓫ 開国により，都市部を中心に欧米の文化がさかんに取り入れられ，街のようすや人々の生活が大きく変化しはじめた世の中の動き。〈沖縄〉

⓫文明開化

ポイント レンガ造りの洋館，ガス灯やランプ，洋服に帽子，太陽暦などが取り入れられた。

□ ⓬ 明治7年に創刊された『明六雑誌』の執筆者の一人で，『学問のすゝめ』をあらわして，社会に強い影響をあたえた人物の名前。〈岩手〉

⓬福沢諭吉

地理編

歴史編

公民編

資料編

自由民権運動の高まり

<よくでる>
□❶1875年に明治政府は，千島列島と樺太の領有権を交換する［　　　］をロシアと結んだ。　〈京都〉

❶樺太・千島交換条約

□❷1871年に日本政府は清と［　　　］を結んだ。　〈滋賀〉

❷日清修好条規

□❸明治政府内で高まっていた，武力で朝鮮に開国をせまる主張。　〈静岡〉

❸征韓論

□❹征韓論政変が起こった後に政府の中心になり，新たに内務省を設置して内務卿となった人物の名前。

❹大久保利通
ポイント 国内政治を優先するべきだと主張した。

□❺1875年に朝鮮半島で起きた，日本と朝鮮の軍隊が交戦した事件。　〈長崎〉

❺江華島事件

□❻江華島事件のあと，明治政府は［　　］という条約を結び，朝鮮を開国させた。〈福井〉

❻日朝修好条規

□❼板垣退助は，［　A　］の建白書を政府に提出し，政府が国会開設を約束した後に［　B　］を結成した。　〈新潟〉

❼A：民撰議院設立
　B：自由党

<よくでる>
□❽❼のAの建白書提出のあと高まった，国会開設などをめざした運動。　〈新潟〉

❽自由民権運動

<よくでる>
□❾明治新政府に不満をもつ士族たちが，1877年に西郷隆盛を中心に起こした反乱。〈千葉〉

❾西南戦争

□❿自由民権運動が全国的な運動となり，1880年に〔　　　〕がつくられた。　〈香川〉

❿国会期成同盟

よくでる
□⓫1889年，〔　A　〕が発布され，翌年には議会政治が始まった。この憲法は，君主権の強い〔　B　〕の憲法を学んで草案が作成された。　〈岐阜〉

⓫A：大日本帝国憲法
B：ドイツ
〔プロイセン〕

□⓬大日本帝国憲法の草案作成の中心となり，初代内閣総理大臣となった**資料Ⅰ**の人物。　〈神奈川〉

資料Ⅰ

⓬伊藤博文

□⓭第1回帝国議会の開設に向けて自由党を結成した**資料Ⅱ**の人物。　〈京都〉

資料Ⅱ

⓭板垣退助

□⓮立憲改進党を結成し，この党の初代党首となった**資料Ⅲ**の人物。　〈大阪〉

資料Ⅲ

⓮大隈重信

□⓯帝国議会は，〔　A　〕と〔　B　〕の，二つの議院から構成されていた。　〈大阪〉

⓯A・B（順不同）：
貴族院・衆議院

□⓰1890年，〔　　　〕が発布され，忠君愛国，父母への孝行などの道徳が示され，教育の柱とされた。　〈静岡〉

⓰教育勅語

地理編

歴史編

公民編

資料編

日清戦争・日露戦争

□ ❶欧米諸国では，軍事力をもって植民地を獲得しようとする〔　　　〕の動きがみられるようになった。　　　　　〈新潟〉

❶帝国主義

□ ❷鹿鳴館で舞踏会を開くなど，政府が外務卿の井上馨を中心として行った政策の名称。　　　　　　　　　　　　　　　　〈福島〉

❷欧化政策

□ ❸1894年，腐敗した役人の追放や外国人の排斥をめざして朝鮮南部で〔　　　〕がおこった。　　　　　　　　　　　　　　〈滋賀〉

❸甲午農民戦争〔東学党の乱〕
⚠ 日清戦争のきっかけとなった。

□ ❹1894年，〔　　　〕により領事裁判権の撤廃が実現した。　　　　　　　　　〈千葉〉

❹陸奥宗光

□ ❺甲午農民戦争をきっかけにおきた〔　A　〕戦争は日本の勝利に終わり，清との間に〔　B　〕が締結された。　　　〈福井〉

❺A：日清
　B：下関条約

よくでる
□ ❻下関条約で，清は日本に対して，〔　　　〕，台湾を譲り渡すこと，賠償金を支払うことなどを認めた。

❻遼東半島

よくでる
□ ❼ロシアがドイツ・フランスをさそい，日本に対して，遼東半島を清に返すようせまったできごと。　　　　　　　　　〈愛媛〉

❼三国干渉

□ ❽列強が清で勢力圏を広げる中で，1900年に，清の民衆が列強を追い出そうと，北京の各国公使館を包囲した事件。　　　〈静岡〉

❽義和団事件

□ ❾ 義和団事件の後，日本は満州に大軍をおいたロシアとの間に対立を深め，〔　　　〕戦争がおこった。　〈福井〉

よくでる

□ ❿ 戦場の弟の身を案じ，「君死にたまふことなかれ」という詩を発表した**資料Ⅰ**の人物。　〈静岡〉

資料Ⅰ

□ ⓫ 日本の求めに応じて，日露戦争の講和を仲介した国。　〈静岡〉

□ ⓬ 1911年，外務大臣〔　**A**　〕が〔　**B**　〕の回復に成功し，開国以来半世紀をへて不平等条約の改正が実現した。　〈千葉〉

□ ⓭ 日露戦争の勝利で韓国での優位を得た日本が，その後韓国に対してとった政策。〈静岡〉

□ ⓮ 1911年，軍隊の反乱からはじまった，近代的な国家を作ろうと清をたおした革命。　〈兵庫〉

□ ⓯ 1912年，〔　**A**　〕が臨時大総統となり，〔　**B**　〕を首都とする，アジアで最初の共和国である中華民国が建国された。　〈埼玉〉

□ ⓰ 1876年に福島県で生まれ，日本やアメリカで細菌学を研究した後，アフリカに渡って黄熱病の研究をした人物。　〈北海道〉

❾ **日露**
ポイント 内村鑑三は，キリスト教徒の立場から開戦に反対した。

❿ **与謝野晶子**

⓫ **アメリカ**

⓬ A：**小村寿太郎**
　 B：**関税自主権**
⚠ 第二次桂内閣のとき。

⓭ **韓国併合**
⚠ 韓国統監府を朝鮮総督府に改めた。

⓮ **辛亥革命**

⓯ A：**孫文**
　 B：**南京**

⓰ **野口英世**

日本の近代産業と第一次世界大戦

□ ❶ 日本で産業革命がおこったころ福岡につくられた, 筑豊炭田の石炭を燃料にした官営の工場。　〈岩手〉

□ ❷ 貿易や金融などの多角経営を行い, 一族で結びついた資本家による企業の集まり。　〈佐賀〉

よくでる

□ ❸ 地図Ⅰ中アにあった, 鉱毒による被害をひきおこした銅山。　〈三重〉

地図Ⅰ

□ ❹ 衆議院議員として足尾銅山の鉱毒による被害の解決に取り組み, 議員辞職後も力を尽くした資料Ⅰの人物。　〈愛媛〉

資料Ⅰ

□ ❺ 第一次世界大戦の背景には, 当時,「ヨーロッパの火薬庫」とよばれていた[　　　]半島における諸民族の独立運動や列強の対立があった。　〈栃木〉

□ ❻ 地図Ⅱのアは三国[　A　], イは三国[　B　]の国を表している。　〈沖縄〉

地図Ⅱ

❶ 八幡製鉄所

❷ 財閥
ポイント 三井, 三菱, 住友, 安田が4大財閥。

❸ 足尾銅山
ポイント 現在の栃木県。鉱毒が流れた渡良瀬川流域で被害が広がった。

❹ 田中正造

❺ バルカン

❻ A：同盟
B：協商
ポイント 三国同盟はドイツ・オーストリア・イタリア。三国協商はイギリス・フランス・ロシア。

よくでる

□ ❼1914年，[　　　]の皇太子夫妻が，サラエボでセルビアの青年に暗殺された。
〈長崎〉

よくでる

□ ❽日本は，1902年に結ばれた，[　　　]に基づいて第一次世界大戦に参戦した。〈和歌山〉

□ ❾レーニンの指導のもと，[　A　]によって，[　B　]主義を唱える世界最初の政府ができた。
〈茨城〉

□ ❿ロシア革命ののち，1922年に成立した国。

□ ⓫ロシア革命の国内への影響をおそれた日本の政府は，[　　　]へ軍隊を送った。
〈北海道〉

よくでる

□ ⓬第一次世界大戦の講和条約。
〈茨城〉

□ ⓭**資料Ⅱ**の[　　　]は，国　**資料Ⅱ**
際連盟が発足したとき，事
務局次長（事務次長）をつと
めた。
〈北海道〉

□ ⓮国際連盟は，アメリカの[　　　]大統領の提案をもとに設立された。
〈兵庫〉

□ ⓯1921年から[　　　]が開かれ，日本はドイツから引きついだ山東省の権益を中国に返した。
〈埼玉〉

---

❼**オーストリア**

ポイント この事件をきっかけとして，第一次世界大戦が始まった。

❽**日英同盟**

❾A：**ロシア革命**
B：**社会**

❿**ソビエト社会主義共和国連邦〔ソ連〕**

⓫**シベリア**
⚠ 米騒動のきっかけとなった。

⓬**ベルサイユ条約**
ポイント 1919年パリ講和会議で結ばれた。

⓭**新渡戸稲造**

⓮**ウィルソン**

⓯**ワシントン会議**
ポイント 中国の独立と領土の保全が確認された。

アジアの民族運動と大正デモクラシー

□❶第一次世界大戦中に，日本は中国に対して
　　[　　　]を出し，その要求の大部分を認
　　めさせた。　　　　　　　　　　　〈福井〉

❶二十一か条の要求

よくでる
□❷ソウルで日本からの独立宣言が発表された
　　ことがきっかけで起こった運動。　〈長崎〉

❷三・一独立運動

□❸中国で反日感情が爆発し，さらに帝国主義
　　に反対する国民運動へと発展したできごと。
　　　　　　　　　　　　　　　　　　〈佐賀〉

❸五・四運動

□❹インドで第一次世界大戦後，イギリスの植
　　民地支配に抵抗して「非暴力・不服従」を
　　唱え，民族独立運動を展開した人物。
　　　　　　　　　　　　　　　　　　〈山口〉

❹ガンディー

よくでる
□❺1912年頃に高まった，自由主義的・民主主
　　義的な風潮や運動。　　　　　　　〈愛知〉

❺大正デモクラシー

□❻桂太郎が3度目の内閣を組織すると，[　　　]
　　運動がおこり，内閣は退陣した。　〈茨城〉

❻憲政擁護〔第一次
護憲〕

□❼大日本帝国憲法のもとで，民意に基づいた
　　政治を行うことは可能であるとした，吉野
　　作造が唱えた考え。　　　　　　　〈静岡〉

❼民本主義

よくでる
□❽1918年，[　A　]を見こした米の買い占めか
　　ら，富山県で始まった[　B　]は，新聞の報道
　　を通じて，全国に広がった。　　　〈岐阜〉

❽A：シベリア出兵
　B：米騒動

□ ⑨ 1918年に**資料I**の［ A ］を首相とする内閣が成立した。これは，日本ではじめての本格的な［ B ］であった。　　〈茨城〉

資料I

⑨ A：原敬
　B：政党内閣

ポイント▶ 原敬は立憲政友会の総裁。

□ ⑩ 1924年の加藤高明内閣から，犬養毅内閣が倒れるまでの期間，政党の総裁が内閣を組織する［　　　　］という慣例が続いた。
〈埼玉〉

⑩ 憲政の常道

□ ⑪ 1925年，衆議院議員選挙法の改正が行われ，普通選挙法が成立し，満［ A ］歳以上の［ B ］に選挙権が与えられた。
〈千葉〉

⑪ A：25
　B：男子

□ ⑫ 社会主義運動などを取り締まるために，［　　　　］が制定された。　　〈神奈川〉

⑫ 治安維持法

□ ⑬［　　　　］では，多数の社会主義者が逮捕され，幸徳秋水らが処刑された。　〈宮城〉

⑬ 大逆事件

□ ⑭ 部落解放をめざして1922年に結成された団体の名称。　　〈福島〉

⑭ 全国水平社

□ ⑮ 青鞜社をつくり，女性の政治活動への参加などを求めて，新婦人協会を結成した**資料II**の人物。　〈和歌山〉

資料II

⑮ 平塚らいてう

地理編

歴史編

公民編

資料編

世界恐慌と日本の中国侵略

□ ❶ 1929年にアメリカで発生し，ヨーロッパや日本などに広がった不景気。　〈徳島〉

❶世界恐慌

よくでる
□ ❷ 世界恐慌に対して，イギリスやフランスが行った，植民地との結びつきを強め，他国の製品をしめ出す政策。　〈徳島〉

❷ブロック経済

よくでる
□ ❸ アメリカのルーズベルト大統領が行った，政府が積極的に公共事業をおこしたり，労働者を保護したりすることで，世界恐慌を乗り切ろうとした政策。　〈香川〉

❸ニューディール政策〔新規まき直し政策〕

□ ❹ ナチス〔ナチ党〕を率いて独裁政治をおこなった人物。　〈長崎〉

❹ヒトラー

□ ❺ [　　　] は，ファシスト党を率いて政権をにぎり，独裁的な政治を行った。　〈宮城〉

❺ムッソリーニ

□ ❻ 地図Ⅰ中アの地域にあった，1905年のポーツマス条約によってロシアから得た利権をもとに，日本が経営した鉄道。　〈長崎〉

❻南満州鉄道

地図Ⅰ

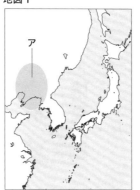

□❼1931年，南満州鉄道の爆破をきっかけとして，[　　　] がはじまった。　〈千葉〉

よくでる
□❽日本は，1932年に [　　　] 国を建国したが，国際連盟で認められなかったことから，国際連盟を脱退した。　〈徳島〉

よくでる
□❾1932年に，軍の将校などが首相官邸をおそい，当時の内閣総理大臣の犬養毅を暗殺した事件。　〈福島〉

□❿五・一五事件の後政党政治がとだえた。その後首相官邸などが襲撃されて大臣らが殺傷された [　　　] をへて，軍部は政治的な発言力を強めていった。　〈岩手〉

□⓫1937年7月，北京郊外の [　Ａ　] 付近で，日本軍と中国軍の武力衝突が起こり，この事件をきっかけに [　Ｂ　] 戦争が始まった。　〈埼玉〉

□⓬1938年，政府は [　　　] を制定して，産業から国民生活のすべてにわたり，戦争のために資金や物資などを統制できるようにした。　〈北海道〉

□⓭日独伊三国同盟が結ばれた年に，ほとんどの政党や政治団体が解散して，[　　　] が結成された。　〈愛媛〉

❼満州事変
⚠ 日中戦争のきっかけとなった盧溝橋事件と区別する。

❽満州

❾五・一五事件
ポイント 五・一五事件によって，8年間続いてきた政党政治がとだえた。

❿二・二六事件

⓫Ａ：盧溝橋
　Ｂ：日中

⓬国家総動員法

⓭大政翼賛会
ポイント すべての国民が一致団結して戦争に協力する体制をとるためにつくられた組織。

第二次世界大戦と戦後改革

□ ❶ 1939年, [　　　] のポーランド侵攻をきっかけに第二次世界大戦が始まった。〈千葉〉

❶ドイツ

よくでる
□ ❷ 1940年に日本がドイツ, イタリアと [　　　] 同盟を結んだ。　〈北海道〉

❷日独伊三国

よくでる
□ ❸ 1941年, 日本がハワイの [　A　] を攻撃し, [　B　] 戦争がはじまった。〈静岡〉

❸A：真珠湾
　B：太平洋

□ ❹ 日本本土への空襲が激しくなり, 都市部の小学生は空襲をさけるため, 地方の農村などへ [　　　] といわれる避難を行った。〈福井〉

❹学童疎開
〔集団疎開〕

□ ❺ 1945年3月にアメリカ軍が [　　　] に上陸し, 激しい地上戦となった。

❺沖縄

□ ❻ 連合国が, 日本に対して軍隊の無条件降伏や民主主義の復活を求めた宣言。　〈愛媛〉

❻ポツダム宣言

□ ❼ ソ連が1941年の [　　　] 条約を破って参戦し, 満州などに侵攻した。　〈静岡〉

❼日ソ中立

□ ❽ **資料I**の [　　　] は, 第二次世界大戦後, 核兵器の恐ろしさを伝えるために保存されている。　〈兵庫〉

資料I

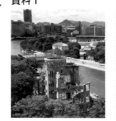

❽原爆ドーム
ポイント▶ 原爆ドームは, 世界文化遺産に登録されている。

□ ❾ 1945年8月9日に原子爆弾が投下された都市がある県。　〈北海道〉

❾ 長崎県

よくでる

□ ❿ ポツダム宣言を受け入れると，日本は連合国軍の占領を受け，〔　A　〕を最高司令官とする〔　B　〕によって，さまざまな民主化政策が進められた。　〈沖縄〉

❿ A：マッカーサー
B：連合国軍最高司令官総司令部〔GHQ〕

□ ⓫ 第二次世界大戦後の民主化政策のうち，農村における，地主と小作人との関係をあらためる政策。　〈新潟〉

⓫ 農地改革

ポイント 国が地主から土地を買いあげて，安く小作人に売り渡した。

□ ⓬ 戦前，多くの企業を経営し，日本経済を支配してきた〔　　　〕の解体が命じられ，経済の民主化が進められた。　〈栃木〉

⓬ 財閥

□ ⓭ 1946年，国民主権などを原則とする〔　　　〕が公布された。　〈鹿児島〉

⓭ 日本国憲法

ポイント 大日本帝国憲法を改正する形であらためられた。

□ ⓮ 第二次世界大戦後の1947年，教育の機会均等や男女共学などを定めた〔　　　〕が制定された。　〈和歌山〉

⓮ 教育基本法

よくでる

□ ⓯ **資料Ⅱ**にあるように，1942年から1946年にかけて有権者が急増したのは，満〔　　　〕歳以上のすべての人に選挙権が認められたからである。　〈福井〉

⓯ 20

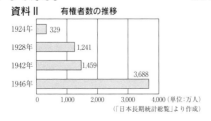

資料Ⅱ　有権者数の推移

年	有権者数
1924年	329
1928年	1,241
1942年	1,459
1946年	3,688

0　1,000　2,000　3,000　4,000（単位：万人）
（「日本長期統計総覧」より作成）

新たな時代の日本と世界

□ ❶中国では，[　A　]に率いられた共産党が，国民党との内戦に勝利し，[　B　]を建国した。　　　　　　〈愛知〉

□ ❷日本の隣国ではじまった[　　　]に在日アメリカ軍が出動すると，GHQの指令で，警察予備隊がつくられた。　　〈岩手〉

よくでる
□ ❸1951年，日本は，アメリカなど48か国と[　　]を結んで独立を回復した。〈秋田〉

□ ❹サンフランシスコ平和〔講和〕条約と同時に，日本がアメリカと結んだ，国内にアメリカの軍事基地が残ることをみとめた条約。〈高知〉

よくでる
□ ❺1956年，ソ連との間で[　A　]が出され，国交が回復したことで，同じ年，[　B　]に加盟した。　　　　　　　〈香川〉

□ ❻冷たい戦争による国際的な緊張の中で，南北に分裂し対立が続いていた東南アジアの国にアメリカが大軍を送ったことにより激しくなった戦争。　　　　　〈岩手〉

よくでる
□ ❼資料Ⅰのアの時期の日本経済の急速な成長。〈宮城〉

❶A：毛沢東
　B：中華人民共和国

❷朝鮮戦争
⚠ 警察予備隊は自衛隊の前身である。

❸サンフランシスコ平和〔講和〕条約

❹日米安全保障条約

❺A：日ソ共同宣言
　B：国際連合

❻ベトナム戦争

❼高度経済成長

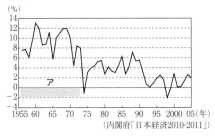

資料Ⅰ　日本の経済成長率(実質)のうつりかわり

(%)

(内閣府「日本経済2010-2011」)

□❽1964年に〔　　　　〕が開催された。これにあわせて，東京と大阪を結ぶ東海道新幹線も開通した。　　　　　　　　　〈鹿児島〉

❽東京オリンピック
ポイント▶ アジアで初めての開催であった。

□❾1965年，韓国と〔　　　　〕を結び，国交が回復した。　　　　　　　　　　　　〈福井〉

❾日韓基本条約

□❿沖縄は，〔　A　〕の統治下にあったが，日本への復帰を求める住民の運動が進められ，〔　B　〕内閣のとき，日本に復帰した。　　　　　　　　　　　　　　　　　〈愛媛〉

❿A：アメリカ合衆国
　B：佐藤栄作

□⓫1972年，〔　A　〕が発表され，中国との国交が正常化した。さらに，1978年には〔　B　〕が結ばれ，その後，さまざまな分野での交流が進んだ。　　　　　〈鹿児島〉

⓫A：日中共同声明
　B：日中平和友好
　　条約
ポイント▶ Aは田中角栄首相のとき。

よくでる
□⓬中東戦争により起きた，原油価格の急激な上昇。　　　　　　　　　　　　　　　〈栃木〉

⓬石油危機〔オイル・ショック〕
ポイント▶ 第四次中東戦争の影響。

よくでる
□⓭アメリカを中心とする勢力と，ソ連を中心とする勢力の対立は〔　　　　〕とよばれた。

⓭冷たい戦争〔冷戦〕

□ ⑭ 1989年，第二次世界大戦後の東西両陣営の対立を象徴していた**資料Ⅱ**の［　　　］が壊された。　〈大分〉

資料Ⅱ

⑭ **ベルリンの壁**

ポイント▶ 東西ドイツはベルリンの壁崩壊のあと，1990年に統一された。

□ ⑮ ロシア連邦などが独立して，1991年，［　　　］は解体に追いこまれた。　〈兵庫〉

⑮ **ソ連**

□ ⑯ 日本政府が，ロシア連邦政府に対して返還を求めている，日本固有の領土。　〈北海道〉

⑯ **北方領土**

⚠ 領土問題は，ロシア連邦に引き継がれた現在も未解決である。

□ ⑰ 1980年代，企業がもつ余った資金が，株式や土地に投資され，株式や土地の価格が大幅に上昇する「［　　　］経済」がおこった。　〈埼玉〉

⑰ **バブル**

ポイント▶ 地価や株価が暴落したことから，1991年にバブル経済は崩壊した。

□ ⑱ 冷戦後，旧ユーゴスラビアでの紛争など，［　**A**　］紛争や［　**B**　］紛争が起きるようになり，多くの難民が生まれている。　〈岐阜〉

⑱ **A・B（順不同）：**
民族・地域

公民編

現代社会と私たちの生活 ……… 98

人権思想の発達と
日本国憲法 ……………………… 100

日本国憲法とさまざまな人権 … 102

現代の民主政治 ………………… 104

国会と内閣 ……………………… 106

裁判所，三権分立 ……………… 108

地方の政治と自治 ……………… 110

私たちの生活と経済 …………… 112

生産と労働 ……………………… 114

価格のはたらきと金融 ………… 116

財政 ……………………………… 118

国民生活と福祉，環境 ………… 120

国際社会の中の日本 …………… 122

国際連合と国際協力 …………… 124

国際問題と私たち ……………… 126

現代社会と私たちの生活

□ ❶ 地球規模で経済などの一体化が進む社会の
　　傾向のこと。　　　　　　　　　　〈長崎〉

❶ グローバル化

よくでる

□ ❷ 日本の産業が今後も〔　　　　〕力を高めて
　　いくためには，新しい技術を生み出すとと
　　もに，未来を先取りした新製品の開発が求
　　められている。　　　　　　　　　　〈東京〉

❷ 国際競争

よくでる

□ ❸ 世界各国では，自国のみで商品を生産せず
　　に，得意な商品を輸出して，不得意な商品
　　を輸入する傾向にある。これを〔　　　　〕
　　という。　　　　　　　　　　　　　〈兵庫〉

❸ 国際分業

□ ❹ さまざまな文化をたがいに尊重しあう社会。
　　　　　　　　　　　　　　　　　　　〈福井〉

❹ 多文化社会

よくでる

□ ❺ 資料Ⅰから読み取れる現代日本の特色。
　　　　　　　　　　　　　　　　　　　〈三重〉

❺ 少子高齢化

ポイント▶ 総人口に占める子どもの割合が小さくなり，65歳以上の高齢者の占める割合が大きくなること。

資料Ⅰ

年	人口総数 （千人）	年齢別人口割合（%）		
		0～14歳	15～64歳	65歳以上
1980	117,060	23.5	67.4	9.1
2015	127,095	12.6	60.7	26.6

（2020/21年版「日本国勢図会」）

新傾向

□ ❻ 新聞やテレビなどから発信される情報につ
　　いて的確に判断・活用できる能力。〈山形〉

❻ メディアリテラシー

□ ❼情報通信技術の利用が進むにつれて生じる格差のこと。

❼デジタルディバイド〔情報格差〕

□ ❽**資料Ⅱ**は現在の日本で広く行われている，おもな [　　] を示したものである。〈茨城〉

資料Ⅱ

1月　初もうで	7月　七夕
2月　節分	8月　お盆（盂蘭盆会）
3月　ひな祭り　彼岸	9月　彼岸
4月　花祭り（灌仏会）	11月　七五三
5月　端午の節句	＊お盆は一部の地域では7月中旬

❽年中行事

□ ❾歴史の中ではぐくまれ，人々の間で価値あるものとして古くから継承されてきた文化。

❾伝統文化

□ ❿年中行事や各地域の民俗芸能，工芸技術品などの保存のために [　　　] 保護法などが制定されている。　　　　　　　〈埼玉〉

❿文化財

ポイント 有形文化財，無形文化財，伝統的建造物群も文化財とされている。

よくでる

□ ⓫多様な考え方や利害の違いがあることで，[　**A**　] が生じることがある。これを [　**B**　] にもっていくよう，手続きや機会，結果について，議論することが大切である。　　　　　　　　　　　　〈神奈川〉

⓫A：対立

　B：合意

新傾向

□ ⓬人間は地域社会をはじめ様々な社会集団と関係を持ちながら生きており，[　**A**　] といわれる。意見が対立する場合，手続き，機会，結果の [　**B**　] の考え方や，労力や時間，お金やものがむだなく使われているかという [　**C**　] の考え方から合意を形成することが求められる。　　　　〈兵庫〉

⓬A：社会的存在

　B：公正

　C：効率

人権思想の発達と日本国憲法

よくでる

□❶1789年に出された，**資料Ⅰ**の宣言。〈福島〉

資料Ⅰ

> 第1条　人は，自由，かつ，権利において平等なものとして生まれ，生存する。社会的差別は，共同の利益に基づくのでなければ，設けられない。

❶ （フランス）人権宣言

ポイント▶ イギリス…1689年に権利章典を定める。
アメリカ…1776年に独立宣言を発表する。

よくでる

□❷第一次世界大戦後にドイツで制定され，社会権を世界で初めて取り入れた憲法。〈茨城〉

❷ワイマール憲法

□❸**資料Ⅱ**のイギリスの思想家［　　　］は，専制政治を批判し，議会が優位に立つ政治機構が必要であることを説いた。〈大阪〉

資料Ⅱ

❸ロック

ポイント▶ 『統治二論』を著した。

よくでる

□❹1748年，［　　　］がモンテスキューによって著され，三権分立が唱えられた。〈大阪〉

❹『法の精神』

□❺『社会契約論』を著し，人民主権を唱えたフランスの思想家。

❺ルソー

□❻1946年に公布された［　　　］は国の最高法規である。〈高知〉

❻日本国憲法

よくでる

□❼日本国憲法第1条は，「天皇は，日本国の［　　　］であり日本国民統合の［　　　］であって，この地位は，主権の存する日本国民の総意に基く。」と定めている。〈和歌山〉

❼象徴

□⑧日本国憲法では,「天皇は, この憲法の定める［　　　］に関する行為のみを行い…」と定められている。

〈愛知〉

よくでる
□⑨日本国憲法の3つの基本原理は,［　A　］,［　B　］,［　C　］である。　〈和歌山〉

□⑩平和主義について, 日本国憲法では,「陸海空軍その他の［　A　］は, これを保持しない。国の［　B　］は, これを認めない。」と定めている。　　　〈福島〉

□⑪サンフランシスコ平和条約と同時にアメリカと結んだ, 極東の平和のために日本国内にアメリカの軍事基地を置くことを認めた条約。　　　　　〈高知〉

□⑫国連の平和維持活動などに参加する, 1954年に発足した組織。

□⑬核分裂や核融合によって発生するエネルギーを利用する兵器。

よくでる
□⑭日本が定めている, 核兵器を「持たず, つくらず, 持ちこませず」という方針。

〈京都〉

⑧国事
ポイント 天皇が国事行為を行うには, 内閣の助言と承認が必要である。

⑨A・B・C（順不同）:
国民主権・基本的人権の尊重・平和主義

⑩A：戦力
　B：交戦権

⑪日米安全保障条約

⑫自衛隊

⑬核兵器

⑭非核三原則
ポイント 1968年, 佐藤栄作首相が発表した日本の核兵器に関する方針。1971年に国会で議決された。

日本国憲法とさまざまな人権

□ ❶すべての人が生まれながらにして持っている人間としての権利。　〈宮城〉

❶基本的人権

よくでる
□ ❷日本国憲法では，基本的人権について，「[　　]に反しない限り，立法その他の国政の上で，最大の尊重を必要とする。」と定められている。　〈埼玉〉

❷公共の福祉

□ ❸法の下で，政治的，経済的又は社会的関係において，差別されない権利。　〈大阪〉

❸平等権

よくでる
□ ❹日本国憲法第25条で保障されている，「健康で文化的な最低限度の生活を営む権利」。　〈福島〉

❹生存権

よくでる
□ ❺犯罪を疑われている人が，裁判官の令状なしに警察官に逮捕されない権利は，[　　]権の一つである。　〈岩手〉

❺自由
ポイント▶ 身体の自由にあたる。

□ ❻自由権のうち，集会・結社・表現の自由が保障されることは，[　　]の自由にあたる。　〈静岡〉

❻精神

□ ❼日本国憲法第22条で定められている居住・移転の自由や職業選択の自由は，同じく第29条に定められている[　　　　]の保障とともに，経済活動の自由に分類される。　〈兵庫〉

❼財産権

□ ⑧高度経済成長期に公害が深刻化し，[　　]権が主張されるようになった。　〈大阪〉

地理編

□ ⑨日本国憲法では，労働者の権利として労働基本権〔労働三権〕とよばれる［　**A**　］，［　**B**　］，［　**C**　］を保障している。〈北海道〉

歴史編

□ ⑩1985年に男女雇用機会均等法が制定され，さらに，1999年に［　　　　　］法が制定された。　〈富山〉

公民編

□ ⑪高齢者や障がいのある人々が社会で安心して生活できるように，物理的，心理的な障壁を取り払うという意味のカタカナ6字のことば。　〈神奈川〉

資料編

新傾向

□ ⑫文化や言語，障がいの有無や年齢，性別にかかわらず，だれもが使いやすい施設や製品，環境などに配慮した［　　　　　］の考え方を取り入れた自動販売機やシャンプーの容器などが使われている。　〈兵庫〉

□ ⑬国際連合が子どもたちの人権と幸せな生活を守るため，1989年に採択した条約。〈徳島〉

よくでる

□ ⑭国際連合で採択された人権に関する取り決めの中で，1948年に採択された世界各国の人権保障の規範となっている宣言。　〈岩手〉

□ ⑮1966年，世界人権宣言をもとに国際連合で採択された規約。　〈滋賀〉

---

⑧**環境**

ポイント〉知る権利などとともに，新しい人権の1つ。

⑨**A・B・C（順不同）**：団結権・団体交渉権・団体行動権〔争議権〕

⑩**男女共同参画社会基本**

⑪**バリアフリー**

⑫**ユニバーサルデザイン**

⑬**児童の権利に関する〔子どもの権利〕条約**

⑭**世界人権宣言**

⑮**国際人権規約**

ポイント〉人権尊重の義務を各国に課す規約。

現代の民主政治

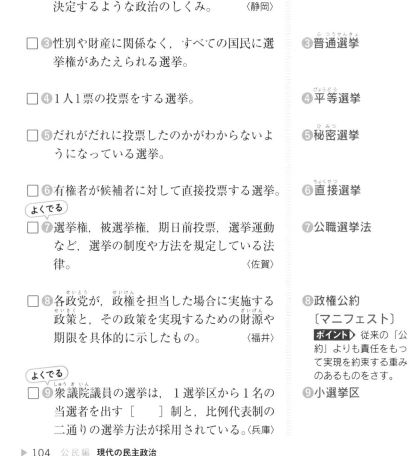

☐ ❶憲法改正の承認の是非を問う国民投票など，国民が直接政治に参加する制度。　〈愛知〉

❶直接民主制

よくでる

☐ ❷国民の代表者である国会議員が，国会において国の重要な政治の課題について審議し，決定するような政治のしくみ。　〈静岡〉

❷議会制民主主義

☐ ❸性別や財産に関係なく，すべての国民に選挙権があたえられる選挙。

❸普通選挙

☐ ❹1人1票の投票をする選挙。

❹平等選挙

☐ ❺だれがだれに投票したのかがわからないようになっている選挙。

❺秘密選挙

☐ ❻有権者が候補者に対して直接投票する選挙。

❻直接選挙

よくでる

☐ ❼選挙権，被選挙権，期日前投票，選挙運動など，選挙の制度や方法を規定している法律。　〈佐賀〉

❼公職選挙法

☐ ❽各政党が，政権を担当した場合に実施する政策と，その政策を実現するための財源や期限を具体的に示したもの。　〈福井〉

❽政権公約
〔マニフェスト〕
ポイント 従来の「公約」よりも責任をもって実現を約束する重みのあるものをさす。

よくでる

☐ ❾衆議院議員の選挙は，1選挙区から1名の当選者を出す［　　　］制と，比例代表制の二通りの選挙方法が採用されている。〈兵庫〉

❾小選挙区

□⑩現在の衆議院で採用されている選挙制度。
〈茨城〉

⑩小選挙区比例代表
並立制
へいりつ

地理編

□⑪**資料Ⅰ**は，2012年の衆議院議員選挙に関するものであり，最高裁判所は，**資料Ⅰ**の状況に対して違憲状態であるという判決を出した。この問題は[　　]とよばれるものである。
〈大分〉
資料Ⅰ

選挙区	議員1人当たりの有権者数
千葉4区	49万7601人
神奈川10区	49万4143人
長崎3区	20万9951人
高知3区	20万4930人

⑪一票の格差
ポイント▶ 最高裁判所は「法の下の平等」に反する状態であるとの判断を下した。

歴史編

公民編

□⑫政治や社会の問題についての国民の意見。
〈神奈川〉

⑫世論
せろん
よろん

資料編

□⑬議会政治において，政権を担当する政党を[　A　]，担当しない政党を[　B　]と呼ぶ。

⑬A：与党
よとう
B：野党
やとう

□⑭複数の政党によって内閣が組織された政権。
〈福井〉

⑭連立政権

よくでる
□⑮民主主義において，話し合いの中で全員の意見が一致しない場合，より多くの支持を得た意見を採用する[　　　]の原理が採用される。
〈福島〉

⑮多数決

□⑯多数決が採用されるときには，[　　　]を尊重することが必要である。
そんちょう
〈福島〉

⑯少数意見
ポイント▶ 主張や批判が自由に行われている状況が大切である。
ひはん

国会と内閣

□❶日本国憲法では，「国会は，［　A　］の最高機関であって，国の唯一の［　B　］機関である。」と定められている。　〈北海道〉

❶A：国権
　B：立法

□❷国会は，外国と結んだ条約の［　　　］を行う。

❷承認

□❸国会は，［　A　］と［　B　］の両院からなる二院制をとっている。　〈高知〉

❸A・B（順不同）：
　衆議院・参議院

□❹予算の議決や条約の承認などにおいて，衆議院と参議院の議決が一致しない場合に開かれる会。　〈和歌山〉

❹両院協議会

□❺国会の議決において，いくつかの重要な点で，衆議院の議決を参議院より優先させること。　〈和歌山〉

❺衆議院の優越

ポイント 衆議院の方が任期が短く解散があるため，民意をより反映していると考えられる。

□❻国会の権限のうち，［　A　］の行使と［　B　］の設置には，衆議院の優越が認められていない。　〈佐賀〉

❻A：国政調査権
　B：弾劾裁判所

□❼毎年1回，原則として1月中に召集され，次年度の予算等の審議が行われる国会。　〈大阪〉

❼通常国会〔常会〕

□❽衆議院の解散後に実施された総選挙の後に召集され，内閣総理大臣の指名が行われる国会。　〈三重〉

❽特別国会〔特別会〕

よくでる

□ ⑨ 内閣は，[　A　]とその他の[　B　]大臣によって組織される。　〈埼玉〉

⑨ A：内閣総理大臣
　　B：国務

□ ⑩ 内閣総理大臣は[　A　]の中から[　B　]の議決によって指名され，この指名に基づき，[　C　]によって任命される。
よくでる　　　　　　　　　　　〈千葉〉

⑩ A：国会議員
　　B：国会
　　C：天皇

□ ⑪ 内閣は，衆議院で[　A　]の決議案を可決し，又は信任の決議案を否決したときは，10日以内に衆議院が解散されない限り，[　B　]をしなければならない。　〈北海道〉

⑪ A：不信任
　　B：総辞職

□ ⑫ 内閣は，[　　]の行使について，国会に対し連帯して責任を負う。　〈長崎〉

⑫ 行政権

よくでる

□ ⑬ 国民の意思を代表する国会の信任にもとづいて内閣がつくられ，内閣が国会に対して連帯して責任を負う**資料Ⅰ**の制度。〈鹿児島〉

⑬ 議院内閣制
⚠ 大統領が議会と関係なく国民に選ばれている政治のしくみを大統領制という。

資料Ⅰ

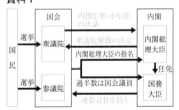

□ ⑭ 行政改革の一環として，コンビニエンスストアやインターネット販売において，一部医薬品の販売が認められるなど，[　　]緩和が進められた。　〈愛媛〉

⑭ 規制

□ ⑮ 日本国憲法で「全体の奉仕者であって，一部の奉仕者ではない」と定められている，行政を担当する職員。　〈三重〉

⑮ 公務員

裁判所,三権分立

□ ❶ 資料Ⅰのように，日本国憲法が国の権力を国会・内閣・裁判所に担当させ，権力の均衡と抑制を図っているしくみ。　〈沖縄〉

❶三権分立

資料Ⅰ

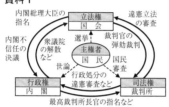

□ ❷ 日本国憲法は，司法の公正と民主化を図るために，裁判所だけに〔　　　〕を与えている。　〈千葉〉

❷司法権

□ ❸ 「天皇は，〔　Ａ　〕の指名に基いて，〔　Ｂ　〕の長たる裁判官を任命する。」（日本国憲法第6条）　〈愛知〉

❸Ａ：内閣
　Ｂ：最高裁判所

よくでる

□ ❹ 資料Ⅱのように，裁判において，第一審の判決に不服の場合，上級の裁判所に〔　Ａ　〕することができ，第二審の判決に不服の場合，さらに，上級の裁判所に〔　Ｂ　〕することができる。　〈北海道〉

❹Ａ：控訴
　Ｂ：上告
ポイント 裁判を慎重に行うためのしくみである。

資料Ⅱ

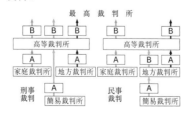

〈北海道〉

□ ⑤④のしくみを [　　　] という。

⑤三審制

よくでる

□ ⑥最高裁判所の裁判官が適任かどうかを有権
　者が判断し投票する制度。　　　　〈山口〉

⑥国民審査

□ ⑦国会は，裁判官をやめさせるかどうかを判
　断する権限をもっており，裁判官の
　[　　　] 裁判を行う。　　　　　〈福島〉

⑦弾劾

□ ⑧裁判所が国会のつくった法律を審査するこ
　とができる権利。　　　　　　　　〈沖縄〉

⑧違憲立法審査権

よくでる

□ ⑨最高裁判所は，法律や命令などが憲法に違
　反するかどうかを最終的に判断する権限を
　持つために [　　　] とよばれる。〈高知〉

⑨憲法の番人

よくでる

□ ⑩ [　A　] 裁判は，犯罪行為についての有
　罪，無罪を決定する裁判であり，[　B　]
　が被疑者を被告人として裁判所に起訴する
　ことで行われる。　　　　　　　　〈栃木〉

⑩A：刑事
　B：検察官

□ ⑪日常生活におこる法律上の争いを解決する
　ための裁判を [　A　] 裁判といい，[　B　]
　（訴えた側）と [　C　]（訴えられた側），
　双方の言い分を確かめながら行う。〈滋賀〉

⑪A：民事
　B：原告
　C：被告

よくでる

□ ⑫司法制度改革の一環として始まり，刑事事
　件を対象とし，有権者から選ばれた6人が
　地方裁判所で行われる第一審にのみ参加す
　る制度。　　　　　　　　　　　　〈岐阜〉

⑫裁判員制度

ポイント 裁判員裁判
は，重大な刑事事件の
第一審に限定されてお
り，国民の感覚が司法
に反映されることを目
的としている。

地方の政治と自治

□ ❶住民が，自分たちの住んでいる地域を自主的に治めるという考え。　　〈埼玉〉

❶地方自治

よくでる

□ ❷地方自治は，住民が参加して，身近な地域の問題解決を目ざすことから「［　　　］の学校」といわれている。　　〈兵庫〉

❷民主主義

□ ❸地域住民に対する行政サービスの向上や行政の効率化などのために仕事や財源を国から地方公共団体に移譲している政策。　　〈千葉〉

❸地方分権

よくでる

□ ❹地方自治法では，地方公共団体の住民は地方公共団体独自の法である［　　　］の制定または改廃を求めることができるとされている。　　〈愛媛〉

❹条例

□ ❺地方公共団体で，条例の制定や予算の議決などを行う機関。　　〈福島〉

❺地方議会

□ ❻地方公共団体の政治においては，住民は地方公共団体の長である［　　　］を選挙で直接選ぶことができる。

❻首長

ポイント▶ 知事は満30歳以上，市(区)町村長は満25歳以上の者から選ばれる。

□ ❼地方の重要な課題について，住民全体の意思をくみ取るため，❹にもとづいて行われる住民参加の方法。　　〈福島〉

❼住民投票

□ ❽ 参政権に含まれる，年齢，国籍を問わず国や地方公共団体に要望することができる権利。　〈大分〉

❽ 請願権(せいがんけん)

□ ❾ 地方の政治で，住民に認められる，条例の制定や改廃(かいはい)の請求，首長や議員の解職の請求(せいきゅう)などの権利。　〈岐阜〉

❾ 直接請求権

□ ❿ **資料Ⅰ**の**A**にあてはまる，地方公共団体の自主財源であり，歳入全体の約40％を占めているもの。　〈栃木〉

資料Ⅰ　日本における地方財政の内訳（2020年度）

A	B	地方債	国庫支出金	その他
44.7%	18.5	10.1	17.1	9.6

（2020/21年版「日本国勢図会」）

❿ 地方税

ポイント▷ 地方税のうち，道府県税には，道府県民税，事業税，自動車税など，市町村税には市町村民税，固定資産税などがある。

よくでる

□ ⓫ **資料Ⅰ**中の**B**にあてはまる，国から配分される財源。　〈大分〉

⓫ 地方交付税交付金

よくでる

□ ⓬ 地方公共団体が行う公共事業や義務教育などに必要な経費について，国が使いみちを特定して支給する資金。　〈高知〉

⓬ 国庫支出金

⚠ 国が使いみちを特定しているのが国庫支出金，特定していないのが地方交付税交付金である。

□ ⓭ 住民の立場から，行政が適切に行われているかどうかを監視する制度。　〈北海道〉

⓭ オンブズマン制度

□ ⓮ 市町村の仕事の効率をよくするため，ある市町村を周辺の市町村と一つにする政策。　〈兵庫〉

⓮ 市町村合併(がっぺい)

ポイント▷ 行政組織が大きくなり，住民の声が届きにくくなることなどが心配されている。

私たちの生活と経済

よくでる

☐ ❶経済主体の一つであり，家族や個人など消費生活を営む経済活動の単位。　〈福島〉

❶家計

☐ ❷私たちの家庭では，得た〔　**A**　〕で財やサービスの購入や〔　**B**　〕などを行っている。　〈北海道〉

❷A：収入〔所得〕
　B：貯蓄
ポイント 貯蓄とは，将来の支出のために所得の一部を蓄えること。

☐ ❸雇われて働き，勤め先から得る所得。

❸勤労所得

☐ ❹農業や会社経営などから得る所得。

❹事業所得

☐ ❺家賃や利子など財産を利用することによって得る所得。

❺財産所得

☐ ❻食料，教育，教養娯楽，住居などの支出は〔　　〕とよばれる。　〈愛知〉

❻消費支出
ポイント 税金や社会保険料など，消費を目的としない支出は非消費支出という。

☐ ❼アメリカのケネディ大統領は，安全を求める権利，知らされる権利，選択する権利，〔　　　　〕権利の消費者の四つの権利を明確にした。　〈埼玉〉

❼意見を反映させる

☐ ❽事実と異なる説明によっておきるトラブルから消費者を守るために2001年に施行された法律。　〈福井〉

❽消費者契約法

□ ⑨経済活動において，企業よりも消費者に主導権があるとする考え方。

⑨消費者主権

よくでる

□ ⑩消費者主権を明確化し，国民の消費生活の安定および向上を目的として2004年に定められた法律。　〈京都〉

⑩消費者基本法

新傾向

□ ⑪2009年に発足した，消費者問題をとりまとめて扱う行政機関。　〈茨城〉

⑪消費者庁

よくでる

□ ⑫1994年に定められた，消費者を保護するために，欠陥商品で消費者が被害を受けたときの企業の責任について定めた法律。

〈岐阜〉

⑫製造物責任法
〔PL法〕

よくでる

□ ⑬訪問販売などで商品を購入したとき，一定の期間内であれば契約を解除できる制度。

〈茨城〉

⑬クーリング・オフ
ポイント 消費者を悪質商法から救済するために1973年から実施された。

□ ⑭流通関連業のうち，コンビニエンスストアがあたる業種。　〈岩手〉

⑭小売業

□ ⑮現金を持ち合わせていなくても，後払いで商品を購入できるしくみのカード。　〈山口〉

⑮クレジットカード

□ ⑯企業などが資本を元手に，利潤の追求を目的として生産活動を行う経済。

⑯資本主義経済

□ ⑰日本の都市部では，商業，サービス業，金融業などの第〔　　〕次産業に従事する人の割合が高い。　〈栃木〉

⑰3
⚠ 農業，林業，水産業などを第1次産業，鉱業，製造業，建設業などを第2次産業という。

生産と労働

□❶家計，政府とともに経済主体の一つで，おもに生産を担うもの。

❶企業

よくでる

□❷必要な資金を，株式の発行により確保する企業。　〈沖縄〉

❷株式会社

よくでる

□❸株式を購入して資金を出資した個人や法人。　〈愛媛〉

❸株主

□❹株式を所有する人たちの出席により，会社の経営方針や役員などを決定する機関。　〈福島〉

❹株主総会

□❺憲法が保障している労働者のさまざまな権利のうち，労働組合を結成する権利。〈岩手〉

❺団結権
ポイント▶ 団結権・団体交渉権・団体行動権〔争議権〕をまとめて労働三権〔労働基本権〕という。

□❻国や地方公共団体が経営する，利潤を得ることを目的としない企業。　〈和歌山〉

❻公企業

□❼国や地方公共団体が経営する企業に対して，利潤を目的とする民間企業。　〈新潟〉

❼私企業

□❽日本の企業のうち，〔　　　〕の占める割合は大きく，親会社系列の下請け会社も多いが，一方で，ベンチャー企業として期待されるところもある。　〈沖縄〉

❽中小企業
ポイント▶ 日本の全企業数のうち90％以上を占める。

□ ❾ **資料Ⅰ**において，家計は企業に対して
　　[　A　]を提供し，賃金を受け取ってい
　　る。　　　　　　　　　　　　　　　〈山口〉

❾**労働力**

資料Ⅰ

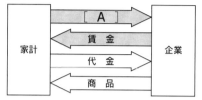

□ ❿ **資料Ⅱ**のように，企業は，契約社員や派遣
　　社員などの[　　　]の雇用を増やす傾向
　　にある。　　　　　　　　　　　　　〈大分〉

❿**非正規労働者**
ポイント 期間を定め
て雇用されている労働
者のことである。不安
定な労働条件が問題と
なっている。

資料Ⅱ　雇用形態別労働者割合の変化

		非正規労働者
1989年 4269万人	正社員80.9	19.1
1999年 4913万人	75.1	24.9
2019年 5660万人	61.7	38.3

0　20　40　60　80　100 %
(2020/21年版「日本国勢図会」他)

よくでる

□ ⓫労働時間や賃金について定めた法律。
　　　　　　　　　　　　　　　　　　〈岩手〉

⓫**労働基準法**

よくでる

□ ⓬[　　　]では，労働者が自主的に組合を
　　結成することや，労働条件について組合が
　　使用者側と交渉することが保障されている。
　　　　　　　　　　　　　　　　　　〈愛知〉

⓬**労働組合法**
ポイント 労働組合
法・労働関係調整法・
労働基準法をまとめて
労働三法という。

□ ⓭労働者の権利を保障するため，労働者が使
　　用者との交渉において対等な立場に立つこ
　　とを促進することにより，労働者の地位を
　　向上させることなどをまとめた法律。〈三重〉

⓭**労働関係調整法**

価格のはたらきと金融

□❶商品が売買される場のことを［　　　　］という。　　　　　　　　　　　　　　　〈愛知〉

❶市場

よくでる

□❷**資料Ⅰ**は商品の価格と取引量を示したものである。**ア**を［　A　］，**イ**を［　B　］といい，**ア**と**イ**の線の交わった**ウ**の価格が［　C　］である。

❷A：需要曲線
B：供給曲線
C：均衡価格
⚠ 消費者が買おうとする量のことを需要量，生産者が売ろうとする量のことを供給量という。

資料Ⅰ

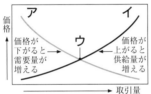

□❸生産の集中が進んで，競争が弱まり，少数の企業が足並みをそろえて決める価格。　　　　　　　　　　　　　　　　〈兵庫〉

❸独占価格
〔寡占価格〕

よくでる

□❹企業の公正かつ自由な競争を促進するために制定された法律。　　　　　　　〈新潟〉

❹独占禁止法

よくでる

□❺❹の法律に基づいて設置され，不当な取り引きなどをしないよう監視している行政機関の名称。　　　　　　　　　　　〈埼玉〉

❺公正取引委員会

□❻個人や企業などが［　A　］に預けたお金は，お金を必要とする個人や企業に貸し付けられる。お金を借りた企業や個人は［　B　］をつけて返済する。このようなお金の貸し借りを［　C　］という。　〈長崎〉

❻A：銀行
〔金融機関〕
B：利子
C：金融

□ ❼わが国の中央銀行である日本銀行は，一般(いっぱん)の銀行から預金を受け入れる役割から［　　　］といわれている。　〈香川〉

❼銀行の銀行

地理編

歴史編

公民編

資料編

□ ❽日本銀行は，紙幣(しへい)を発行する唯一(ゆいいつ)の銀行であるため［　　　］とよばれる。　〈香川〉

❽発券銀行

□ ❾日本銀行は，政府の資金の出し入れを行う役割から［　　　］とよばれる。　〈香川〉

❾政府の銀行

よくでる

□ ❿日本銀行が日本の景気や物価の安定をはかる政策。　〈京都〉

❿金融政策

□ ⓫自国の通貨と他国の通貨との交換比率。　〈和歌山〉

⓫為替相場(かわせそうば)〔為替レート〕

□ ⓬外国通貨に対する円の価値が上がること。　〈高知〉

⓬円高
ポイント 1ドル＝○○円の数字が小さくなるほど円の価値が上がることになり，これを円高という。数字が大きくなれば円の価値が下がり，円安という。

よくでる

□ ⓭好況（好景気）のときに，物価が上がり続ける現象のこと。　〈山口〉

⓭インフレーション〔インフレ〕
ポイント 不況〔不景気〕のときに物価が下がり続ける現象をデフレーション〔デフレ〕という。

財政

□ ❶税金には，国に納める ［　**A**　］と，地方
公共団体に納める ［　**B**　］ がある。
〈和歌山〉

❶A：国税
　B：地方税

よくでる
□ ❷税金を納める人と実際に負担する人が同じ
税金を ［　**A**　］ といい，違う税金を
［　**B**　］ という。〈和歌山〉

❷A：直接税
　B：間接税

よくでる
□ ❸**資料Ⅰ**のレシート中の
□□□に入る間接税の
種類。〈宮崎〉

資料Ⅰ レシート（一部）

```
○○文具

2020年7月25日 16:00
鉛筆         ¥330
消しゴム      ¥110

合計         ¥440
(内  □□□   ¥40)
```

❸消費税

よくでる
□ ❹給与所得者の年収額別の所得税額の例を示
した**資料Ⅱ**からわかる所得税の課税の方法。
〈岩手〉

資料Ⅱ

給与の年収額	所得税額
500万円	6万円
700万円	16.6万円
1,000万円	59.1万円

※夫婦と子ども2人の給与
　所得者の場合の例
（財務省ホームページから作成）

❹累進課税
ポイント 租税の負担
において公平をはかる
ためのしくみ。所得が
多いほど税率が高くな
る。

□ ❺税金から得られる収入だけで必要な歳出を
まかなうことができない場合に，政府は
［　　　　］ を発行して資金の借り入れを行
う。〈大阪〉

❺国債〔公債〕

□ ❻日本の歳出のうち，国の歳出の内訳を示した**資料Ⅲ**の**A**にあてはまる費用。　〈栃木〉

資料Ⅲ

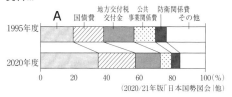

（2020/21年版「日本国勢図会」他）

□ ❼財政政策について，不景気のときに政府は[　**A**　]を行い，消費を活性化する。また，公共事業を[　**B**　]ことで景気を回復させる。　〈大分〉

よくでる
□ ❽国や地方公共団体などが整備する，上下水道，鉄道や道路，港湾など，国民の生活や産業の基盤となる施設。　〈長崎〉

□ ❾**資料Ⅳ**の**A**にあてはまる，国や地方公共団体によって提供されるサービス。　〈高知〉

資料Ⅳ

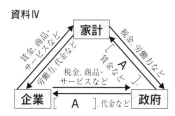

□ ❿国民の生活への影響が大きいため，国や地方公共団体が管理する価格。　〈徳島〉

❻**社会保障関係費**
　ポイント 高齢化の進行にともなって，年金・医療などの費用が増大している。

❼**A：減税**
　B：増やす

❽**社会資本**

❾**公共サービス**

❿**公共料金**
　ポイント 電気・水道・ガスの料金や，バス・タクシーの運賃など。

地理編

歴史編

公民編

資料編

国民生活と福祉, 環境

よくでる

□ ❶ 近年日本ではかつてないスピードで[**A**]が進んでおり, 年金や介護, 医療などへの支出が増加する一方, 働く世代が減少し, 国民の経済的な負担が重くなるなど,[**B**]のあり方が問われている。　〈愛知〉

❶ A：少子高齢化
　 B：社会保障

□ ❷ 企業などで働く労働者が毎月掛け金を積み立てておいて, 失業したときに給付金を受け取る雇用保険のほか, 医療保険（健康保険）や年金保険などの総称。　〈茨城〉

❷ 社会保険

よくでる

□ ❸ 収入が少なく, 健康で文化的な最低限度の生活を送ることができない人に, 生活費などを給付するもの。　〈山梨〉

❸ 公的扶助

□ ❹ 高齢者や障がいのある人に保護や援助を行うしくみ。　〈山梨〉

❹ 社会福祉

□ ❺ 国民の健康増進をはかり, 感染症の予防などを行うこと。　〈山形〉

❺ 公衆衛生

□ ❻ 2000年に導入された, 40歳以上のすべての国民が加入し, 国や地方公共団体などからサービスが受けられる制度。　〈兵庫〉

❻ 介護保険制度

よくでる

□ ❼ 水俣病, イタイイタイ病, 新潟水俣病, 四日市ぜんそくの総称。

❼ 四大公害病

ポイント 水俣病, イタイイタイ病, 新潟水俣病は水質汚濁, 四日市ぜんそくは大気汚染が原因。

□ ❽ 公害問題の深刻化に対処するため, 1967年, 環境基準を明確化し, 公害に対する企業の責任などを明記した [　　　] が制定された。　　　　　　　　　　　　〈東京〉

よくでる

□ ❾ 1993年に国が制定した, 公害対策基本法を発展させ, 環境保全に対する社会全体の責務を明らかにした法律。　　　　　〈福島〉

□ ❿ 地域開発にあたっては, 事前に自然環境に対する影響を調査し評価する [　　　] が法律で義務づけられている。　　　〈栃木〉

よくでる

□ ⓫ 持続可能な社会の実現のために, 限りある資源を有効に利用し, 地球環境への負荷を少なくしていく社会。　　　　　　〈長崎〉

□ ⓬ **資料Ⅰ**のA～C にあてはまる最も適当なことばは何か。　　　　　　　　　〈鹿児島〉

資料Ⅰ

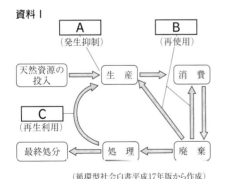

（循環型社会白書平成17年版から作成）

❽ **公害対策基本法**

❾ **環境基本法**
ポイント 公害だけでなく, 地球環境問題に対する方針も示している。

❿ **環境影響評価**
〔環境アセスメント〕

⓫ **循環型社会**

⓬ A：リデュース
　B：リユース
　C：リサイクル
ポイント リデュースはごみそのものを出さないようにすること, リユースは製品をくり返し使用すること, リサイクルは製品を資源にもどして再び利用することである。

国際社会の中の日本

□ ❶ [　　　] とは，他国から支配されたり，干渉されたりしない権利を持つ，独立した国家のことをいう。　〈宮城〉

❶主権国家

□ ❷図Ⅰのうち，国家の主権がおよぶ範囲は，[　A　]，[　B　]，[　C　] である。　〈岐阜〉

❷A：領土
B：領海
C：領空

図Ⅰ

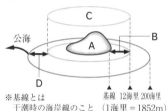

※基線とは干潮時の海岸線のこと　基線 12海里 200海里
（1海里＝1852m）

よくでる

□ ❸図ⅠのDは海岸線から領海をのぞいた200海里以内の [　　　] 水域とされ，漁業資源や鉱産資源を開発し，保全する権利が，沿岸国に認められている。　〈富山〉

❸排他的経済

□ ❹国家間で結ぶ条約や，長年の慣行が定着し法としての性格をもつようになったものなど，国家がたがいに主権を尊重し合っていくために守るべき法。　〈栃木〉

❹国際法

新傾向

□ ❺貿易の自由化に加え，投資や人の移動など，幅広い経済関係の強化をめざす経済連携協定のアルファベットの略称。　〈三重〉

❺EPA
ポイント 自由貿易協定の略称はFTAである。

よくでる

☐ ⑥太平洋沿岸地域の各国の経済交流と協力関係を活発にするために開かれ、日本も参加している「アジア太平洋経済協力会議」の略称。〈京都〉

⑥APEC

☐ ⑦タイやその周辺の国々は、1967年に創設された〔　　　〕に加盟しており、現在では10の加盟国が政治や経済などの面で協力している。〈新潟〉

⑦ASEAN〔東南アジア諸国連合〕

よくでる

☐ ⑧地図Ⅰの▨▨▨の国々が加盟する、1993年に発足した組織。〈茨城〉

⑧EU〔ヨーロッパ連合〕
ポイント 経済統合をはじめ、共通の外交や安全保障政策、司法協力といった幅広い統合を目指している。

地図Ⅰ

よくでる

☐ ⑨ドイツやフランスなど、多くのヨーロッパ連合〔EU〕加盟国で流通している共通（単一）通貨。〈新潟〉

⑨ユーロ

☐ ⑩共通の問題を抱えている近隣の国どうしが、相互の主権に配慮しながら、結びつきを強める国際協調の動き。〈山梨〉

⑩地域主義〔リージョナリズム〕
ポイント
EUやASEANなど。

☐ ⑪先進国が発展途上国に対して、経済格差を縮めるために行う資金や技術の支援や援助。〈徳島〉

⑪ODA〔政府開発援助〕

国際連合と国際協力

□❶世界の平和と安全の維持を図る（はか）るとともに，世界中の人々の人権保障に努めている機構。〈岩手〉

❶国際連合

□❷国際連合の主要機関のうち，すべての加盟国が一票の投票権をもち，世界のさまざまな問題を話し合う**資料Ⅰ**の**A**の機関。〈埼玉〉

❷総会

資料Ⅰ

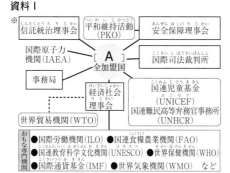

※信託統治理事会　平和維持活動（PKO）　安全保障理事会
国際原子力機関（IAEA）　[A]全加盟国　国際司法裁判所
事務局
経済社会理事会
世界貿易機関（WTO）
国連児童基金（UNICEF）　国連難民高等弁務官事務所（UNHCR）
おもな専門機関　●国際労働機関（ILO）●国連食糧農業機関（FAO）●国連教育科学文化機関（UNESCO）●世界保健機関（WHO）●国際通貨基金（IMF）●世界気象機関（WMO）　など
※活動停止中

よくでる

□❸国際紛争を調査し，解決方法を勧告する他，平和を脅かすような事態の発生時には，経済封鎖や軍事的措置などの制裁を加えることができる国際連合の主要機関。〈東京〉

❸**安全保障理事会**
ポイント　常任理事国は，アメリカ，ロシア，イギリス，フランス，中国。

よくでる

□❹❸のうち，常任理事国がもつ，重要な議案は１国でも反対すると決定できないという権利。〈徳島〉

❹拒否（きょひ）権

よくでる

□❺予防接種の実施や学校の建設など，子どもたちの生存と健（すこ）やかな成長を守るための活動を行っている国際連合の組織。〈新潟〉

❺**国連児童基金〔ＵＮＩＣＥＦ〕**

□ ⑥世界遺産の登録を行う，教育や文化などの面から世界平和に貢献しようとする国際連合の専門機関の名称。　　〈山口〉

⑥国連教育科学文化機関〔UNESCO，ユネスコ〕

□ ⑦1948年に設立され，「全ての人に健康を」を目的とし，おもに発展途上国で，医療などの活動をしている国際連合の専門機関の名称。　　〈山形〉

⑦世界保健機関〔WHO〕

□ ⑧武力紛争や，人種・宗教・国籍・政治的意見などを理由にした迫害によって，難民となった人々の保護や救援を行っている国際連合の機関。　　〈栃木〉

⑧国連難民高等弁務官事務所〔UNHCR〕

□ ⑨国際連合の関連機関で，GATTを発展的に解消して，自由貿易の推進などを目的として1995年に発足した国際機関。　　〈福島〉

⑨世界貿易機関〔WTO〕

□ ⑩国際連合の専門機関の一つで，労働条件の向上や社会保障の充実，労働問題の解決などを目的としている国際機関。　　〈三重〉

⑩国際労働機関〔ILO〕

□ ⑪紛争後の平和の実現のために，停戦や選挙の監視を行う活動のアルファベットの略称。　　〈滋賀〉

⑪PKO

□ ⑫国際連合の主要機関のうち，国家間の紛争に対し，国際法に基づいて審理する司法機関。　　〈栃木〉

⑫国際司法裁判所

地理編

歴史編

公民編

資料編

国際問題と私たち

よくでる
□❶地球の上空にある，太陽からの紫外線を吸収するはたらきをもつ［　A　］が［　B　］などで破壊され，人間にとって有害な紫外線の量が地表で増加した。〈長崎〉

❶A：オゾン層
　B：フロンガス

□❷温室効果ガスの増加が原因とされる地球規模の環境問題。〈兵庫〉

❷地球温暖化

□❸1992年にブラジルで開かれた，環境に関する国際会議。

❸国連環境開発会議〔地球サミット〕

□❹1992年の地球サミットでは，「［　　　］な開発」をめざす宣言が採択された。〈山口〉

❹持続可能

よくでる
□❺1997年に日本で開かれた国際会議において採択された，CO₂ などの温室効果ガスの排出削減を先進国に義務づける取り決め。〈岩手〉

❺京都議定書

新傾向
□❻2015年に採択された［　　　］協定では，すべての参加国が自主的に温室効果ガスの削減目標を決め，平均気温の上昇をおさえる対策を進めることで合意した。〈埼玉〉

❻パリ

□❼原子力発電は，地球温暖化の原因となる［　A　］排出量が少ないなどのメリットがある反面，無事故で運用したとしても［　B　］などの安全性に対する疑問や［　C　］の処理の問題もある。〈沖縄〉

❼A：二酸化炭素〔CO₂〕
　B：放射能
　C：放射性廃棄物〔使用済み核燃料〕

□ ⑧石油に代わるエネルギー源として開発が進んでいる，植物などからつくられ，二酸化炭素の排出量をおさえることにつながる燃料。　　　　　　　　　　　　　〈大分〉

□ ⑨[　　　]なエネルギー源には，太陽光や風力，バイオマスなどがある。

□ ⑩動植物から得られる有機性のエネルギーを[　　　]という。　　　　　　　〈兵庫〉

□ ⑪地図Ⅰのアの地域では，放牧や耕作のしすぎなどによる[　　　]が進むなど，環境問題が深刻化している。　　　　　〈富山〉

地図Ⅰ

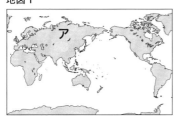

□ ⑫ギリシャのパルテノン神殿では，近年，[　　　]の影響でその表面が溶ける被害が深刻になっている。　　　　　　　〈山梨〉

よくでる

□ ⑬先進国と発展途上国の間の経済格差やそこから生じる，政治的，経済的な問題。〈富山〉

□ ⑭発展途上国どうしの間の経済格差やそこから生じる諸問題。　　　　　　　〈埼玉〉

⑧バイオ燃料〔バイオエタノール〕
ポイント とうもろこしなどを原料にしたバイオエタノールの生産が進んでいる。

⑨再生可能

⑩バイオマス

⑪さばく化

⑫酸性雨
ポイント 自動車の排気ガスなどに含まれる成分が大気中で強い酸となり，雨雲に溶け込んで発生する。

⑬南北問題

⑭南南問題

□ ⑮ **資料Ⅰ**のように，ユネスコにより「人類共通の財産として保護すべき」と指定され，国際的な協力のもとに保護される文化財や自然環境。　〈静岡〉

⑮ **世界遺産**

資料Ⅰ

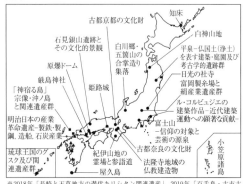

知床
古都京都の文化財
白神山地
石見銀山遺跡とその文化的景観
白川郷・五箇山の合掌造り集落
平泉-仏国土（浄土）を表す建築・庭園及び考古学的遺跡群
原爆ドーム
日光の社寺
厳島神社
姫路城
富岡製糸場と絹産業遺産群
「神宿る島」宗像・沖ノ島と関連遺産群
ル・コルビュジエの建築作品-近代建築運動への顕著な貢献-
明治日本の産業革命遺産-製鉄・製鋼，造船，石炭産業
富士山-信仰の対象と芸術の源泉
琉球王国のグスク及び関連遺産群
紀伊山地の霊場と参詣道
古都奈良の文化財
小笠原諸島
屋久島
法隆寺地域の仏教建造物

※2018年「長崎と天草地方の潜伏キリシタン関連遺産」，2019年「百舌鳥・古市古墳群-古代日本の墳墓群-」，2021年「北海道・北東北の縄文遺跡群」，「奄美大島，徳之島，沖縄島北部及び西表島」が追加登録。　(2021年9月現在)

□ ⑯ 1968年に62か国で調印され，核保有国以外の国々が核兵器を持つことを禁じた条約。　〈福井〉

⑯ **核拡散防止条約**

よくでる

□ ⑰ 発展途上国で援助活動などを行っている非政府組織のアルファベットの略称。　〈栃木〉

⑰ **ＮＧＯ**

□ ⑱ 民間の非営利組織のアルファベットの略称。　〈京都〉

⑱ **ＮＰＯ**

□ ⑲ 国だけでなく人間一人ひとりの生命や人権を大切にするという理念。　〈新潟〉

⑲ **人間の安全保障**

新傾向

□ ⑳ 発展途上国でつくられた農産物や製品を，その労働に見合う公正な価格で取り引きすることは［　　　　］とよばれ，生産者の生活を支える取組として注目されている。　〈栃木〉

⑳ **フェアトレード**

資料編

地球の姿 ·································· 130
よくでる地図 ·························· 132
よくでるグラフ（地理編）··········· 136
歴史年表 ································· 140
よくでる人物 ·························· 144
よくでる文化 ·························· 150
よくでるグラフ（公民編）··········· 152
よくでる数字としくみ図 ··········· 154
よくでる日本国憲法条文 ··········· 159

地球の姿

▶ 地球儀

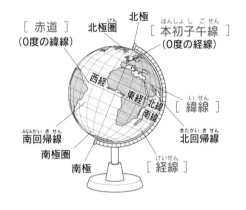

[赤道]
(0度の緯線)

北極圏

北極

[本初子午線]
(0度の経線)

西経

東経

北緯

南緯

[緯線]

南回帰線

南極圏

北回帰線

南極

[経線]

ポイント
[本初子午線] は,
イギリスのロンドン
を通る。

⚠注意

[赤道] が通る国は,
ケニア, インドネシ
ア, ブラジルなど。

▶ 地図と方位

正距方位図法（東京中心）

- 東京からみたカイロは [北西] の方位。
- 東京から見たリオデジャネイロは [北] の方位。
- リオデジャネイロやブエノスアイレスは東京から最も遠いことがわか
  る。

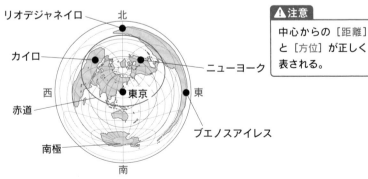

リオデジャネイロ

北

カイロ

ニューヨーク

西

東京

東

赤道

ブエノスアイレス

南極

南

⚠注意

中心からの [距離]
と [方位] が正しく
表される。

▶時差の計算

経度 [15] 度で1時間の時差
経度の差 ÷ [15] ＝時差

• 経度の差の求め方
    東経，西経どうしの時：[大きい] 経度 − [小さい] 経度
    東経・西経にまたがる時：[西経] ＋ [東経]

ポイント
日本の [標準時子午線] は，兵庫県明石市を通る [東経135] 度。

東経，西経どうしの場合（東京とロンドン）

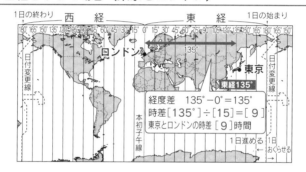

経度差　135°−0°＝135°
時差[135°]÷[15]＝[9]
東京とロンドンの時差 [9]時間

東経・西経にまたがる場合（東京とロサンゼルス）

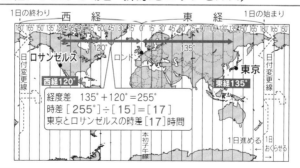

経度差　135°＋120°＝255°
時差 [255°]÷[15]＝[17]
東京とロサンゼルスの時差 [17]時間

⚠注意

日付変更線を東から西へ越えると日付を1日 [進め]，西から東へ越える
と日付を1日 [おくらせる] ことになる。

よくでる地図

▶ 世界の地形

世界の山脈

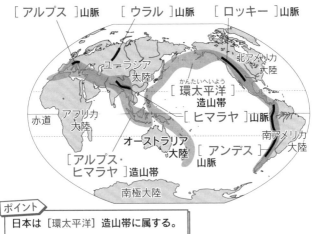

[アルプス]山脈　　[ウラル]山脈　　[ロッキー]山脈

ユーラシア大陸

北アメリカ大陸

かんたいへいよう
[環太平洋]造山帯

[ヒマラヤ]山脈

アフリカ大陸

赤道

オーストラリア大陸

[アンデス]山脈

南アメリカ大陸

[アルプス・ヒマラヤ]造山帯

南極大陸

> ポイント
> 日本は［環太平洋］造山帯に属する。

世界の河川・湖

エニセイ川

オビ川　　　　レナ川　　　五大湖
[ミシシッピ]川

[黄]河

大西洋

カスピ海

[長]江

[メコン]川

ガンジス川

赤道　　インド洋

[アマゾン]川

ビクトリア湖

太平洋

[インダス]川

[ナイル]川　　　[ラプラタ]川

> ポイント
> ［ナイル］川は世界最長，［アマゾン］川は流域面積が世界最大。

▶日本の地形

日本の山地・山脈・火山

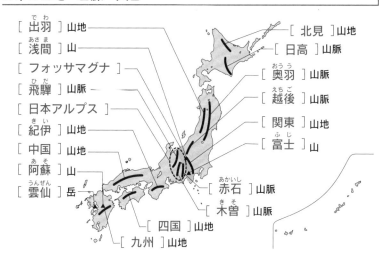

[出羽]山地
[浅間]山
[フォッサマグナ]
[飛騨]山脈
[日本アルプス]
[紀伊]山地
[中国]山地
[阿蘇]山
[雲仙]岳
[四国]山地
[九州]山地
[北見]山地
[日高]山脈
[奥羽]山脈
[越後]山脈
[関東]山地
[富士]山
[赤石]山脈
[木曽]山脈

日本の河川・湖

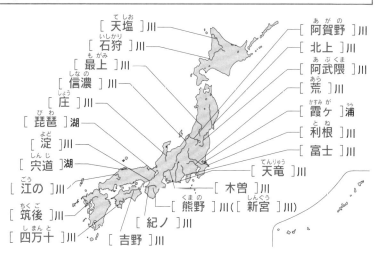

[天塩]川
[石狩]川
[最上]川
[信濃]川
[庄]川
[琵琶]湖
[淀]川
[宍道]湖
[江の]川
[筑後]川
[四万十]川
[吉野]川
[紀ノ]川
[熊野]川([新宮]川)
[木曽]川
[天竜]川
[富士]川
[利根]川
[霞ヶ]浦
[荒]川
[阿武隈]川
[北上]川
[阿賀野]川

▶ 日本の世界遺産

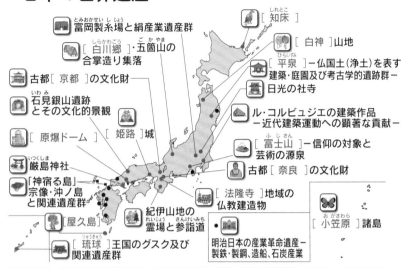

富岡製糸場と絹産業遺産群

[知床]

[白川郷]・五箇山の合掌造り集落

[白神]山地

[平泉]－仏国土(浄土)を表す建築・庭園及び考古学的遺跡群－

古都[京都]の文化財

日光の社寺

石見銀山遺跡とその文化的景観

ル・コルビュジエの建築作品－近代建築運動への顕著な貢献－

[原爆ドーム] [姫路]城

[富士山]－信仰の対象と芸術の源泉

厳島神社

古都[奈良]の文化財

「神宿る島」宗像・沖ノ島と関連遺産群

[法隆寺]地域の仏教建造物

[屋久島]

紀伊山地の霊場と参詣道

[小笠原]諸島

[琉球]王国のグスク及び関連遺産群

明治日本の産業革命遺産－製鉄・製鋼、造船、石炭産業

※2018年6月に、「長崎と天草地方の潜伏キリシタン関連遺産」(長崎県・熊本県)、2019年7月に百舌鳥・古市古墳群－古代日本の墳墓群－(大阪府)、2021年7月に、「北海道・北東北の縄文遺跡群」(北海道・青森県・岩手県・秋田県)、「奄美大島、徳之島、沖縄島北部及び西表島」(鹿児島県・沖縄県)が追加登録された。
(2021年9月現在)

▶ 日本の交通

新幹線の交通網

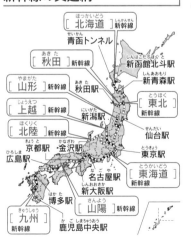

[北海道]新幹線

青函トンネル

新函館北斗駅

[秋田]新幹線

新青森駅

[山形]新幹線

秋田駅

[東北]新幹線

[上越]新幹線

新潟駅

[北陸]新幹線

仙台駅

京都駅・金沢駅

東京駅

広島駅

[東海道]新幹線

名古屋駅

新大阪駅

博多駅

[山陽]新幹線

[九州]新幹線

鹿児島中央駅

高速道路の交通網

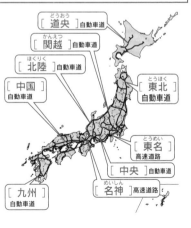

[道央]自動車道

[関越]自動車道

[北陸]自動車道

[中国]自動車道

[東北]自動車道

[東名]高速道路

[中央]自動車道

[九州]自動車道

[名神]高速道路

▶地形図のよみかた

縮尺の計算

```
ポイント
実際の距離＝
「縮尺の[分母]」×「地図上の[長さ]」
```

縮尺5万分の1

（国土地理院発行
5万分の1地形図「奈良」）

5万分の1のとき…

地図上の1cmの実際の距離は

50000×1(cm)＝50000cm＝[500]m

縮尺2万5千分の1

（国土地理院発行
2万5千分の1地形図「奈良」）

2万5千分の1のとき…

地図上の1cmの実際の距離は

25000×1(cm)＝25000cm＝[250]m

地図記号

土地利用		建物・施設			
⊥'⊥'	田	◎	市役所・東京都の区役所	干	神社
∨∨	畑	○	町・村役場	卍	寺院
₀ᵒ₀	果樹園	⍟	官公署	文	小・中学校
ᵞᵞ	くわ畑	⊗	警察署	⊗	高等学校
∴	茶畑	Y	消防署	⊞	病院
ₐᵃₐ	広葉樹林	⊖	郵便局	▥	図書館
ᴧᴧ	針葉樹林	☼	工場	血	博物館
⊥⊥	荒地	☼	発電所・変電所	仐	老人ホーム
ᵗᵗ	竹林	冂	城跡	△	三角点
↑↑	ささ地	∴	史跡・名勝・天然記念物	⊡	水準点

よくでるグラフ（地理編）

▶世界の気候

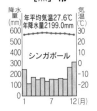

[熱]帯

1年を通じて気温が高い。密林が発達し、スコールとよばれる雨が降る[熱帯雨林]気候、雨季と乾季がある[サバナ]気候に分けられる。

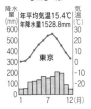

[温]帯

[四季]がはっきりしていて、冬も寒さがきびしくない。[温暖湿潤]気候、[地中海性]気候、[西岸海洋性]気候に分けられる。

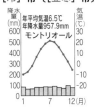

[冷]帯〔[亜寒]帯〕

四季はあるが、夏は短く冬は長くて寒さがきびしい。[タイガ]とよばれる針葉樹林帯が広がっている。北緯40度よりも高緯度に分布する。

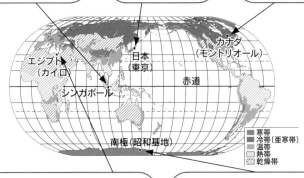

[乾燥]帯

1年を通じて降水量が少ない。砂と岩のさばくが広がる[さばく]気候と、数か月間降水量がある[ステップ]気候に分けられる。

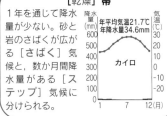

[寒]帯

1年を通じて気温が非常に低い。短い夏がある[ツンドラ]気候と、1年中雪や氷におおわれている[氷雪]気候に分けられる。

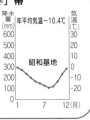

（「理科年表 2021」）

▶ 日本の気候

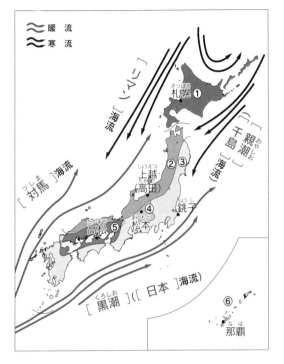

暖流
寒流

[リマン] 海流
[親潮] [千島] 海流
[対馬] 海流
[黒潮] ([日本] 海流)

札幌 ①
上越 (高田) ②③ 銚子
高松 ⑤ ④ 松本
⑥
那覇

① [北海道] の気候

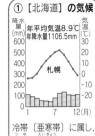

年平均気温8.9℃
年降水量1106.5mm
札幌

冷帯〔亜寒帯〕に属し，梅雨の影響をほとんど受けず，1年を通じて降水量が [少ない]。

② [日本海側] の気候

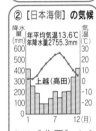

年平均気温13.6℃
年降水量2755.3mm
上越 (高田)

冬は [北西] から吹く季節風の影響で，[降雪] による降水量が多くなる。

③ [太平洋側] の気候

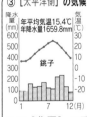

年平均気温15.4℃
年降水量1659.8mm
銚子

冬は [北西] の季節風により，[乾燥] した晴れの日が続く。

④ [中央高地] の気候

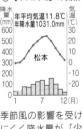

年平均気温11.8℃
年降水量1031.0mm
松本

季節風の影響を受けにくく降水量が [少ない]。昼と夜の気温の差が大きい。

⑤ [瀬戸内] の気候

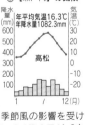

年平均気温16.3℃
年降水量1082.3mm
高松

季節風の影響を受けにくく降水量が [少ない]。冬の気温が [温暖] である。

⑥ [南西諸島] の気候

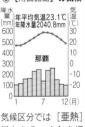

年平均気温23.1℃
年降水量2040.8mm
那覇

気候区分では [亜熱] 帯となる。1年を通じて気温が [高] く，降水量が [多い]。

（「理科年表 2021」）

137 ◀

▶ 日本の輸入相手国（2019年）

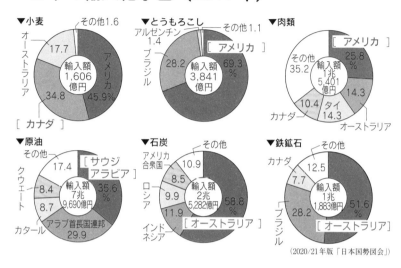

▼小麦
輸入額 1,606 億円
アメリカ 45.9%
[カナダ] 34.8
オーストラリア 17.7
その他 1.6

▼とうもろこし
輸入額 3,841 億円
[アメリカ] 69.3%
ブラジル 28.2
アルゼンチン 1.4
その他 1.1

▼肉類
輸入額 1兆5,401億円
[アメリカ] 25.8%
タイ 14.3
オーストラリア 14.3
カナダ 10.4
その他 35.2

▼原油
輸入額 7兆9,690億円
[サウジアラビア] 35.6%
アラブ首長国連邦 29.9
カタール 8.7
クウェート 8.4
その他 17.4

▼石炭
輸入額 2兆5,282億円
[オーストラリア] 58.8%
インドネシア 11.9
ロシア 9.9
アメリカ合衆国 8.5
その他 10.9

▼鉄鉱石
輸入額 1兆1,883億円
[オーストラリア] 51.6%
ブラジル 28.2
カナダ 7.7
その他 12.5

(2020/21年版「日本国勢図会」)

▶ 日本の農業（2018年，肉牛は2019年）

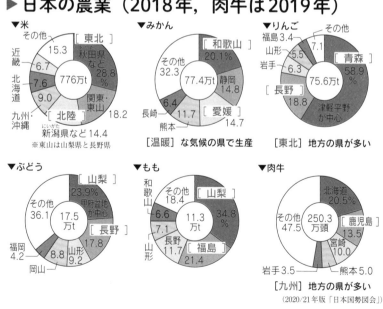

▼米
776万t
[東北] 秋田県など 28.8
関東・東山 18.2
[北陸] 新潟県など 14.4
九州・沖縄 9.0
北海道 7.6
近畿 6.7
その他 15.3
※東山は山梨県と長野県

▼みかん
77.4万t
[和歌山] 20.1%
静岡 14.8
[愛媛] 14.7
熊本 11.7
長崎 6.4
その他 32.3
[温暖] な気候の県で生産

▼りんご
75.6万t
[青森] 58.9%
津軽平野が中心
[長野] 18.8
岩手 6.3
山形 5.5
福島 3.4
その他 7.1
[東北] 地方の県が多い

▼ぶどう
17.5万t
[山梨] 23.9%
甲府盆地が中心
[長野] 17.8
山形 9.2
岡山 8.8
福岡 4.2
その他 36.1

▼もも
11.3万t
[山梨] 34.8%
[福島] 21.4
長野 11.7
山形 7.1
和歌山 6.6
その他 18.4

▼肉牛
250.3万頭
北海道 20.5%
[鹿児島] 13.5
宮崎 10.0
熊本 5.0
岩手 3.5
その他 47.5
[九州] 地方の県が多い

(2020/21年版「日本国勢図会」)

▶日本の工業

三大工業地帯の出荷額割合（2017年）

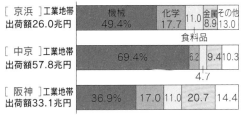

［ 京浜 ］工業地帯
出荷額26.0兆円
機械 49.4% ／ 化学 17.7 ／ 11.0 ／ 金属 8.9 ／ その他 13.0

食料品

［ 中京 ］工業地帯
出荷額57.8兆円
69.4% ／ 6.2 ／ 9.4 ／ 10.3

4.7

［ 阪神 ］工業地帯
出荷額33.1兆円
36.9% ／ 17.0 ／ 11.0 ／ 20.7 ／ 14.4

（2020/21年版「日本国勢図会」）

ポイント

機械の割合がとくに大きいのは
［中京］工業地帯。

年代別に見た日本の工業の産業別構成（出荷額）

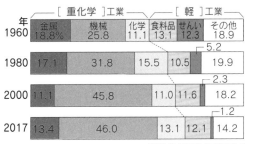

［ 重化学 ］工業 ／ ［ 軽 ］工業

年
1960
金属 18.8% ／ 機械 25.8 ／ 化学 11.1 ／ 食料品 13.1 ／ せんい 12.3 ／ その他 18.9

1980
17.1 ／ 31.8 ／ 15.5 ／ 10.5 ／ 5.2 ／ 19.9

2000
11.1 ／ 45.8 ／ 11.0 ／ 11.6 ／ 2.3 ／ 18.2

2017
13.4 ／ 46.0 ／ 13.1 ／ 12.1 ／ 1.2 ／ 14.2

（2020/21年版「日本国勢図会」）

ポイント

［重化学工業］の占める割合が大きくなっている。

日本の発電量の割合

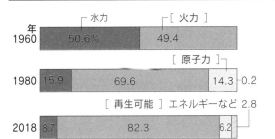

水力 ／ ［ 火力 ］

年
1960
50.6% ／ 49.4

［ 原子力 ］

1980
15.9 ／ 69.6 ／ 14.3 ／ 0.2

［ 再生可能 ］エネルギーなど 2.8

2018
8.7 ／ 82.3 ／ 6.2

（2020/21年版「日本国勢図会」他）

ポイント

［火力］発電は二酸化炭素の排出，
［原子力］発電は放射性廃棄物などの問題がある。

歴史年表

時代	年代	日本のできごと	朝鮮	中国	世界のできごと
縄文時代＼弥生時代＼古墳時代	1万年前	日本列島ができる 縄文土器が使われる 稲作・金属器が伝わる			700万年前 猿人の出現 　　四大文明 　　　仏教がおこる（**シャカ**）
	紀元前			秦前漢	前221　**秦**が中国を統一 　　　　　　（**始皇帝**）
	紀元後				［キリスト］教がおこる
	57	倭奴国王が後漢から金印を授かる		後漢	
	239	［邪馬台国］の女王**卑弥呼**が魏に使いを送る 大和政権による統一が進む	高句麗・百済・新羅		
	478	倭王武が中国の南朝に使いを送る 　　　　　**渡来人**が漢字・儒教を伝える 　　　　　［仏教］が伝わる			
飛鳥時代	593	［聖徳太子］が摂政となる 　［冠位十二階］の制度 　［十七条の憲法］ 遣隋使を派遣（**小野妹子**）		隋唐	589　隋が中国を統一 610頃　**ムハンマド**が 　［イスラム教］をひらく
	645	［大化の改新］がはじまる 律令国家の成立 　→**公地・公民**　班田収授法	新羅		
奈良時代	701	［大宝律令］が制定される			
	710	［平城京］に都を移す			
	743	［墾田永年私財法］ 　　　　　　東大寺の大仏			
平安時代	794	［平安京］に都を移す（**桓武天皇**） 　最澄が［天台］宗を伝える 　空海が［真言］宗を伝える			
	894	遣唐使の廃止（**菅原道真**）			
	1016	［藤原道長］が摂政となる 　（藤原氏の［摂関政治］の最盛期）	高麗	宋	
	1086	院政が始まる（**白河上皇**）			
	1167	［平清盛］が太政大臣になる　**日宋貿易**			
	1185	**源義経**が［壇ノ浦］で平氏を滅ぼす 守護・地頭を置く（**鎌倉幕府**）			
鎌倉時代	1192	［源頼朝］が征夷大将軍となる 北条氏による［執権政治］			
	1221	［承久の乱］（**後鳥羽上皇**）			1206　［チンギス・ハン］が 　　　モンゴルを統一
	1232	北条泰時が［御成敗［貞永］］式目を制定			
	1274	**文永の役**　　　［元寇］		元	1275　**マルコ・ポーロ**が
	1281	**弘安の役**			元の都の大都に着く
	1333	鎌倉幕府が滅びる			

時代	年代	日本のできごと	朝鮮	中国		世界のできごと
南北朝時代	1334	[建武の新政]（**後醍醐天皇**）	高麗	明		
	1338	[足利尊氏] が征夷大将軍となる（**室町幕府**）				
	1392	南北朝の合一	朝鮮		1392	李氏により朝鮮建国
室町時代		[勘合]〔日明〕貿易（**足利義満**）				
	1467	[応仁の乱]（**戦国**大名が出現）			1492	[コロンブス] がアメリカに到達
					1517	宗教改革（[ルター]）
戦国時代					1519	[マゼラン] が世界
	1543	[鉄砲] 伝来（**種子島**）				周航へと出発
	1549	キリスト教伝来（[フランシスコ・ザビエル]）				
安土桃山時代	1573	室町幕府が滅びる				
	1575	長篠の戦い（**織田信長**）[本能寺] の変（1582）				
		太閤検地（1582）・刀狩令（1588）				
	1590	豊臣秀吉が全国を統一				
	1592	朝鮮出兵（文禄の役）				
	1597	朝鮮出兵（慶長の役）				
	1600	[関ヶ原の戦い]			1602	オランダが [東インド] 会社
	1603	[徳川家康] が征夷大将軍となる（**江戸幕府**）				を設立
		朱印船貿易				
	1615	武家諸法度を制定				
	1635	参勤交代を定める				
	1637	島原・天草一揆				
	1639	[鎖国] の完成（ポルトガル船の来航禁止）				
				清	1642	清教徒〔ピューリタン〕
						革命（イギリス）
	1716	[享保] の改革（**徳川吉宗**）			1688	名誉革命（イギリス）
						→ [権利章典]（1689）
		田沼意次の政治　　　天明のききん			1775	アメリカ独立戦争
江戸時代						→ [独立] **宣言**（1776）
	1787	[寛政] の改革（**松平定信**）			1789	フランス革命
						→ [人権] **宣言**
					1804	ナポレオンが皇帝に
	1825	外国船打払令				なる
		天保のききん　　百姓一揆・打ちこわしの増加				
	1837	大塩平八郎の乱			1840	**アヘン戦争**
	1841	[天保] の改革（**水野忠邦**）				
	1853	[ペリー] 来航（**浦賀**）				
	1854	[日米和親] 条約				
	1858	[日米修好通商] 条約				
	1859	安政の大獄				
	1860	桜田門外の変（**井伊直弼**）			1861	南北戦争
	1866	[薩長同盟] の結成（**坂本龍馬**）				→奴隷解放宣言（1863）
	1867	[大政奉還]（**徳川慶喜**）				
		王政復古の大号令				

時代	年代	日本のできごと	朝鮮	中国	世界のできごと
明治時代	1868	［五箇条の御誓文］	朝鮮	清	
	1869	版籍奉還			
	1871	［廃藩置県］			
	1872	学制発布			
	1873	徴兵令，［地租改正］			
	1874	民撰議院設立の建白書（**板垣退助**）			
	1875	ロシアと樺太・千島交換条約			
	1876	日朝修好条規			
	1877	西南戦争（**西郷隆盛**）			
		［自由民権］運動がさかんになる			
	1881	自由党結成（**板垣退助**）			
	1882	立憲改進党結成（**大隈重信**）			1882 三国同盟締結
	1889	［大日本帝国憲法］の発布			
	1890	第1回帝国議会			
		教育勅語			
	1894	領事裁判権撤廃に成功（**陸奥宗光**）			1894 甲午農民戦争
		［日清］戦争の勃発→［下関条約］（1895）	大韓帝国		
		→**三国干渉**			1900 義和団事件
		産業革命はじまる			
	1902	［日英同盟］			
	1904	［日露］戦争→［ポーツマス］条約（1905）			1907 三国協商締結
	1910	韓国併合			
	1911	［関税自主権］の回復（**小村寿太郎**）			1911 辛亥革命
		→ 条約改正が完成			
大正時代	1914	［第一次世界大戦］に参戦	日本の植民地		1914 ［第一次世界大戦］勃発
	1915	中国に二十一か条の要求			
					1917 ロシア革命
	1918	［米騒動］が起こる シベリア出兵			1918 第一次世界大戦終結
		政党内閣の成立（原敬内閣）			1919 ［ベルサイユ］条約
					1920 国際連盟発足
	1923	関東大震災が起こる		中華民国	（**ウィルソン大統領**の提案）
	1925	［普通選挙］法（男子のみ）			
		［治安維持］法の制定			1921 ワシントン会議
昭和時代					1929 ［世界恐慌］が起きる
	1931	［満州］事変			→ニューディール政策
	1932	五・一五事件			（アメリカ）
	1933	国際連盟脱退			
	1936	［二・二六］事件			
	1937	［日中戦争］			
	1938	国家総動員法			

時代	年代	日本のできごと	朝鮮	中国		世界のできごと
昭和時代			日本の植民地	中華民国	1939	[第二次世界大戦]勃発
	1940	日独伊三国同盟				
	1941	[太平洋戦争]（真珠湾攻撃）				
	1945	[広島・長崎] に原爆が投下される			1943	イタリア降伏
		[ポツダム] 宣言を受諾し，降伏			1945	ドイツ降伏
		[GHQ] による戦後改革				**国際連合**の発足
		財閥解体・農地改革（1946～）				
		選挙法改正（20歳以上男女）				
	1946	[日本国憲法] 公布				
	1947	教育基本法	大韓民国／朝鮮民主主義人民共和国	中華人民共和国		冷戦〔冷たい戦争〕がはじまる
					1949	**中華人民共和国**の設立
					1950	**朝鮮戦争**
	1951	[サンフランシスコ] 平和条約に調印				
		日米安全保障条約			1955	アジア・アフリカ会議
	1956	[日ソ共同宣言]→[国際連合]に加盟				
		高度経済成長がはじまる			1965	ベトナム戦争激化
	1965	日韓基本条約				
	1972	[沖縄] 返還				
		日中共同声明　→　日中国交正常化				
	1973	石油危機　　**高度経済成長**おわる				
	1978	日中平和友好条約				
		日米貿易摩擦				
		バブル景気（～1991）				
					1989	ベルリンの壁崩壊
					1990	東西〔ドイツ〕統一
					1991	[湾岸] 戦争
平成時代						[ソ連] 解体
					1993	EU発足
	1995	[阪神・淡路] 大震災				
					2001	アメリカ
	2002	日朝首脳会談				[同時多発テロ]
					2003	イラク戦争
	2011	[東日本] 大震災				
令和	2020	新型コロナウイルスの感染拡大			2020	イギリスがEU離脱

地理編

歴史編

公民編

資料編

よくでる人物

弥生時代	[卑弥呼]	・[邪馬台国] の女王。 ・[魏] より「親魏倭王」の称号を受けた。 ・銅鏡，金印などを授かった。	奈良時代	[聖武天皇]	・国ごとに [国分寺]，[国分尼寺] をつくらせた。 ・奈良に [東大寺] と [大仏] をつくらせた。 ・[正倉院] に遺品が納められた。
飛鳥時代	[聖徳太子]	・推古天皇の摂政。 ・[冠位十二階] の制度。 ・[十七条] の憲法。 ・[遣隋使] を派遣。 ・[法隆寺] を建立。		[行基]	・奈良時代の僧。 ・各地で仏教を広めた。 ・社会事業に貢献。 ・[東大寺] 造営に協力した。
	[中大兄皇子]	・中臣鎌足らと [蘇我] 氏をたおし，[大化の改新] を行った。 ・天智天皇となった。 ・死後，[壬申] の乱がおきた。		[鑑真]	・唐から来日した僧。 ・日本への航海に何度も失敗し，失明。 ・奈良に [唐招提寺] を建立。
	[中臣鎌足]	・[大化の改新] を行った。 ・のちに藤原姓を賜った。	平安時代	[桓武天皇]	・794年，[平安京] に都を移した。 ・[坂上田村麻呂] を征夷大将軍に任命し，蝦夷を従わせた。

	[空海] くうかい	・平安時代の初めに唐に渡った。 ・[高野山] に [金剛峯] 寺を建立。 ・[真言宗] を伝えた。

<table>
<tr><td rowspan="2" style="writing-mode: vertical-rl">平安時代</td><td>[空海] </td><td>・平安時代の初めに唐に渡った。
・[高野山]に[金剛峯]寺を建立。
・[真言宗]を伝えた。</td></tr>
</table>

平安時代

[空海]（くうかい）
- 平安時代の初めに唐に渡った。
- [高野山] に [金剛峯] 寺を建立。
- [真言宗] を伝えた。

[最澄]（さいちょう）
- 平安時代の僧。
- [比叡山] に [延暦] 寺を建立。
- [天台宗] を伝えた。

[藤原道長]（ふじわらのみちなが）
- 娘を天皇の后とし、孫を天皇にした。
- 1016年に [摂政] となって、[摂関] 政治を行った。
- 藤原氏の全盛期を築いた。

[藤原頼通]（ふじわらのよりみち）
- 藤原道長の長男。
- 3代の天皇の摂政、関白として実権を握った。
- 宇治に [平等院鳳凰堂] を建てた。

[紫式部]（むらさきしきぶ）
- 平安時代の女官。
- 藤原道長の娘の中宮彰子に仕えた。
- 長編小説『[源氏物語]』を書いた。

平安時代

[清少納言]（せいしょうなごん）
- 平安時代の女官。
- 藤原道隆の娘の皇后定子に仕えた。
- 随筆集『[枕草子]』を書いた。

[平 清盛]（たいらのきよもり）
- 武士として初めて [太政大臣] となった。
- [大輪田泊] を整備し、[日宋] 貿易を行った。

鎌倉時代

[源 頼朝]（みなもとのよりとも）
- 1185年に全国に守護・地頭を置き、〔鎌倉幕府〕を開いた。
- 1192年に [征夷大将軍] に任命された。

[北条政子]（ほうじょうまさこ）
- 源頼朝の妻。
- [承久の乱] の際、御家人の結束をうながした。

[フビライ・ハン]
- モンゴル帝国第5代皇帝。国号を [元] に改めた。
- 都を [大都]（北京）にうつした。
- 二度にわたり日本を攻撃（〔元寇〕）。

地理編

歴史編

公民編

資料編

南北朝時代	[後醍醐天皇]	・[足利尊氏] らの協力で鎌倉幕府をほろぼした。 ・[建武の新政] を行った。 ・足利尊氏と対立して [吉野] に南朝を開いた。	安土桃山時代	[織田信長]	・[室町] 幕府を滅ぼし、[長篠の戦い] で鉄砲を使い [武田] 氏を破った。 ・[楽市・楽座] を実施。 ・1582年、[本能寺の変] で自害。

南北朝時代

[後醍醐天皇]

・[足利尊氏] らの協力で鎌倉幕府をほろぼした。
・[建武の新政] を行った。
・足利尊氏と対立して [吉野] に南朝を開いた。

室町時代

[足利尊氏]
・[後醍醐] 天皇と対立し、京都に北朝の天皇を立てた。
・征夷大将軍に任命され、[室町] 幕府を開いた。

[足利義満]
・室町幕府第3代将軍。
・南北朝を統一。
・[明] と [勘合 [日明]] 貿易を始めた。
・北山に [金閣] を建立。

[足利義政]
・室町幕府第8代将軍。
・東山に [銀閣] を建立。
・あとつぎ問題から [応仁の乱] がおこった。

[フランシスコ・ザビエル]
・[イエズス] 会のスペイン人宣教師。
・1549年、[鹿児島] に来日、[キリスト教] を伝えた。

安土桃山時代

[織田信長]

・[室町] 幕府を滅ぼし、[長篠の戦い] で鉄砲を使い [武田] 氏を破った。
・[楽市・楽座] を実施。
・1582年、[本能寺の変] で自害。

[千利休]

・織田信長や豊臣秀吉に仕えて茶の湯を広めた茶人。
・[わび茶] を完成させた。

[豊臣秀吉]

・明智光秀をたおし、織田信長の後継者として全国を統一した。
・朝廷から [関白] に任じられた。
・太閤検地や刀狩を行った。
・[朝鮮] に2度出兵。

江戸時代

[徳川家康]

・[関ヶ原の戦い] で石田三成に勝利。
・征夷大将軍に任じられ、[江戸] 幕府を開いた。
・[大阪の陣] で豊臣氏をほろぼした。

[徳川家光]

・江戸幕府第3代将軍。
・[参勤交代] の制度をととのえた。
・キリスト教を禁止し、[鎖国] を完成させた。

	[徳川吉宗]	・江戸幕府第［8］代将軍。 ・［享保］の改革を行った。 ・［目安箱］の設置。 ・［上げ米］の制。 ・［公事方御定書］の制定。	**[大塩平八郎]**	・もと大阪町奉行の役人。 ・［天保］のききんで苦しむ人々のために大阪で乱をおこした。

江戸時代

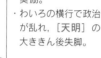

[田沼意次]	・江戸幕府の老中。 ・［株仲間］の結成を奨励。 ・わいろの横行で政治が乱れ，［天明］の大ききん後失脚。	**[水野忠邦]**	・江戸時代の老中。 ・［天保］の改革を行った。 ・株仲間を解散。 ・厳しい［倹約令］をだし，ぜいたく品を禁止した。

[松平定信]	・江戸幕府の老中。 ・［寛政］の改革を行った。 ・昌平坂学問所をつくり［朱子学］を正学とした。	**[ペリー]**	・アメリカ東インド艦隊司令長官。 ・1853年，4隻の軍艦を率いて［浦賀］に来航。 ・1854年，［日米和親条約］締結。

[本居宣長]	・江戸時代の学者，医者。 ・『［古事記伝］』を著し，［国学］を大成させた。	**[井伊直弼]**	・江戸幕府の大老。 ・1858年に［日米修好通商条約］締結。 ・［安政の大獄］で反対派を弾圧。 ・［桜田門外］の変で水戸浪士らに暗殺された。

[杉田玄白]	・江戸時代の学者，医者。 ・オランダ語の解剖書を訳して『［解体新書］』として出版→蘭学がさかんになった。	**[坂本龍馬]**	・［土佐］藩出身。 ・［薩長同盟］を成立させ，大政奉還を推進。 ・京都で暗殺された。

地理編 歴史編 公民編 **資料編**

147 ◀

江戸時代	[徳川慶喜] 	・江戸幕府第15代将軍。 ・[大政奉還] を行い、政権を天皇（朝廷）に返した。	[岩倉具視] 	・幕末，明治初期の公家，政治家。 ・[王政復古] 実現に貢献。 ・[岩倉使節団] の全権大使として，欧米を訪問。

江戸時代

[徳川慶喜]

・江戸幕府第15代将軍。
・[大政奉還] を行い、政権を天皇（朝廷）に返した。

[岩倉具視]

・幕末，明治初期の公家，政治家。
・[王政復古] 実現に貢献。
・[岩倉使節団] の全権大使として，欧米を訪問。

明治時代

[西郷隆盛]

・[薩摩] 藩出身。
・[薩長同盟] を結んだ。
・[征韓論] を唱えて政府と対立。
・[西南戦争] に敗れ自害。

[板垣退助]
・1874年，国会開設を求め [民撰議院設立の建白書] を提出。
・1881年には [自由] 党を結成。自由民権運動の中心として活躍した。

[大久保利通]

・[薩摩] 藩出身。
・明治政府の中心人物。
・殖産興業などを進めた。
・岩倉使節団に参加，帰国後は明治政府の中心となった。

[大隈重信]

・[立憲改進] 党を結成。
・のちに内閣総理大臣となり，中国に [二十一か条の要求] を出す。
・現在の [早稲田] 大学を創設。

[木戸孝允〔桂小五郎〕]

・[長州] 藩出身。
・西郷隆盛，大久保利通らと [薩長同盟] を結んだ。
・明治政府で，版籍奉還や廃藩置県などに尽力。

[伊藤博文]

・[長州] 藩出身。
・初代内閣総理大臣。
・ドイツ〔プロイセン〕憲法を研究し，[大日本帝国憲法] の草案作成に尽力。
・[立憲政友会] を結成。
・初代韓国統監。

[福沢諭吉]
・明治時代の思想家。
・『[学問のすゝめ]』などを著した。
・現在の慶應義塾大学を創設。

[陸奥宗光]

・明治政府の外務大臣。
・1894年に [領事裁判権〔治外法権〕] の撤廃に成功。
・[下関] 条約の調印。
・[三国干渉] の受諾。

	[小村寿太郎]	・明治政府の外務大臣。 ・[日英] 同盟を締結。 ・[ポーツマス] 条約の調印。 ・1911年に［関税自主権］の回復に成功。
明治時代	[田中正造]	・明治時代の衆議院議員。 ・渡良瀬川流域でおこった［足尾銅山鉱毒］事件について帝国議会で政府の責任を追及。
	[与謝野晶子]	・明治～昭和時代の歌人。 ・［日露］戦争の反戦詩「君死にたまふことなかれ」が有名。 ・歌集『［みだれ髪］』を発表。
	[樋口一葉]	・明治時代の小説家。 ・『［たけくらべ］』『にごりえ』が代表作。
	[夏目漱石]	・明治～大正時代の小説家。 ・個人主義の立場から，近代日本の知識人の生き方を描いた。 ・代表作は『［吾輩は猫である］』『坊っちゃん』など。

	[野口英世]	・明治～昭和時代の細菌学者。 ・アフリカで［黄熱病］を研究した。
明治時代		
大正時代	[芥川龍之介]	・大正時代を中心に活躍した小説家。 ・［新思潮］派と呼ばれた。 ・代表作は『［羅生門］』『鼻』など。
	[原 敬]	・［立憲政友会］総裁。 ・日本初の本格的な［政党］内閣を組閣した。 ・［平民宰相］といわれた。
昭和時代	[新渡戸稲造]	・［国際連盟］の事務次長として活躍した教育者。
	[犬養毅]	・［立憲政友会］による政党内閣を組閣。 ・［五・一五事件］で海軍将校らに暗殺された。

よくでる文化

縄文・弥生時代	[縄文] 文化 約1万2000年前 ～紀元前4世紀 ごろ [弥生] 文化 紀元前4世紀 ごろ～3世紀 ごろ	**ポイント** 狩りや採集の生活（縄文）から，農耕の生活（弥生）へ 【生活】［土器］や［磨製］石器， 　　　　［稲作］の広がり， 　　　　［青銅器］，［鉄器］ 【住居】［たて穴］住居 【遺跡】縄文：三内丸山遺跡（青森） 　　　　弥生：吉野ヶ里遺跡（佐賀） ［縄文土器］　［弥生土器］
古墳時代	[古墳] 文化 3世紀後半～ 7世紀ごろ	**ポイント** ［渡来人］の活躍により栄えた文化 古墳，漢字，［仏教］，儒教，埴輪 【遺跡】大仙古墳（大阪） ［前方後円墳］
飛鳥時代	[飛鳥] 文化 7世紀前半	**ポイント** 飛鳥地方を中心に栄えた［仏教］文化 【建築物】［法隆寺］，飛鳥寺 【彫　刻】釈迦三尊像，百済観音像 【工芸品】玉虫厨子など ［法隆寺釈迦三尊像］
奈良時代	[天平] 文化 8世紀ごろ	**ポイント** 華やかで国際色豊かな［貴族］文化 【建築物】［東大寺］大仏，正倉院，唐招提寺 【文　学】『［古事記］』『日本書紀』 　　　　　『［風土記］』『万葉集』 ［正倉院］
平安時代	[国風] 文化 10～11世紀	**ポイント** 日本の風土や日本人の感情に合った［貴族］文化 【建築物】［寝殿造］ 【文　学】『源氏物語』（紫式部） 　　　　　『枕草子』（清少納言） 【絵　画】大和絵  ［平等院鳳凰堂］（宇治）
鎌倉時代	[鎌倉] 文化 12世紀末～ 14世紀はじめ	**ポイント** ［武家］文化，［公家］文化， 大陸文化の混在した文化 【建築物】東大寺南大門 【彫　刻】［金剛力士像］（運慶ら） 【文　学】『徒然草』（吉田兼好） 　　　　　『方丈記』（鴨長明） 　　　　　『平家物語』（琵琶法師のひき語り） ©00960AA ［金剛力士像］

室町時代	[北山] 文化 14世紀末〜 15世紀はじめ	**ポイント** 素朴で力強い [武家] 文化と 優雅な [公家] 文化が融合 【建築物】鹿苑寺 [金閣]（足利義満） 【芸 能】[能]（観阿弥, 世阿弥） 　　　　　狂言	 [金閣]
	[東山] 文化 15世紀後半	**ポイント** [禅宗] の影響を受けた, 簡素で落ち着いた文化 【建築物】慈照寺 [銀閣]（足利義政） 　　　　　[書院] 造 【文 学】お伽草子, 連歌 【美 術】[水墨画]（雪舟）	 [東求堂同仁斎]
安土桃山時代	[桃山] 文化 16世紀末〜 17世紀はじめ	**ポイント** [大名] や大商人の気風を反映した 豪華で壮大な文化 【建築物】[姫路城], 安土城, 大阪城 【美 術】障壁画（[狩野永徳]） 【芸 能】かぶき踊り（出雲の阿国） 【その他】茶の湯（[千利休]）	 [姫路城]
江戸時代	[元禄] 文化 17世紀末〜 18世紀はじめ	**ポイント** [上方] 中心の町人文化 【文学】浮世草子（[井原西鶴]） 　　　　俳諧（[松尾芭蕉]） 　　　　人形浄瑠璃（[近松門左衛門]） 【美術】浮世絵（菱川師宣） 【芸能】歌舞伎（坂田藤十郎, 市川團十郎）	 [見返り美人図]
	[化政] 文化 19世紀前半	**ポイント** [江戸] 中心の町人文化 【文学】『[東海道中膝栗毛]』（十返舎一九） 　　　　『[南総里見八犬伝]』（滝沢馬琴） 【美術】浮世絵〔錦絵〕 　　　　『富嶽三十六景』（[葛飾北斎]） 　　　　[喜多川歌麿]　[安藤〔歌川〕広重]	 [富嶽三十六景]
明治時代	明治時代の 文化 19世紀後半〜 20世紀はじめ	**ポイント** 文明開化・欧米の影響 【文学】『坊っちゃん』（[夏目漱石]） 　　　　『みだれ髪』（[与謝野晶子]） 【美術】日本美術の復興（フェノロサ, 岡倉天心） 　　　　黒田清輝（洋画）, 高村光雲（彫刻）	
大正時代	大正時代の 文化 20世紀はじめ	**ポイント** 民主主義の影響を受けた大衆文化 【文学】『暗夜行路』（[志賀直哉]）…[白樺] 派 　　　　『羅生門』（芥川龍之介） 【美術】安井曾太郎, 岸田劉生 【生活】洋服や洋食の普及, [ラジオ] 放送の開始	

よくでるグラフ（公民編）

▶日本の年齢別人口構成（人口ピラミッド）

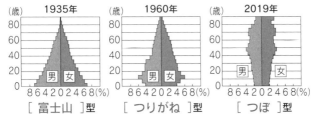

(2020/21年版「日本国勢図会」他)

▶有権者数の推移（衆議院議員総選挙）

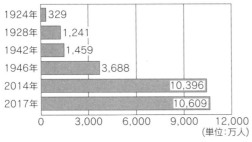

(総務省資料により作成)

▶経済成長率

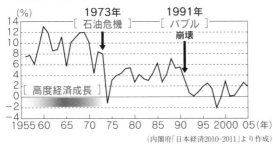

(内閣府「日本経済2010-2011」より作成)

▶需要と供給

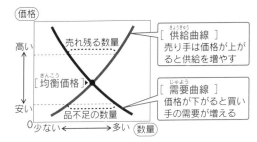

(価格)

高い
安い

売れ残る数量

[供給曲線]
売り手は価格が上がると供給を増やす

きんこう
[均衡価格]▶

品不足の数量

[需要曲線]
価格が下がると買い手の需要が増える

0
少ない◀──▶多い (数量)

地理編

歴史編

公民編

資料編

ポイント

需要量と供給量が一致する価格を
[均衡価格] という。

▶景気変動

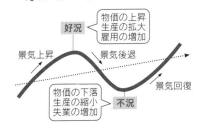

好況

物価の上昇
生産の拡大
雇用の増加

景気上昇

景気後退

景気回復

物価の下落
生産の縮小
失業の増加

不況

⚠注意

好況のときに [インフレーション] がおこりやすく，不況のときに [デフレーション] がおこりやすい。

▶国の歳入と歳出

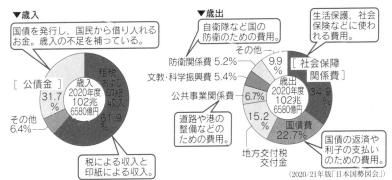

▼歳入

国債を発行し，国民から借り入れるお金。歳入の不足を補っている。

[公債金]
31.7％

その他
6.4％

歳入
2020年度
102兆
6580億円

租税
および
印紙
収入
61.9％

税による収入と印紙による収入。

▼歳出

自衛隊など国の防衛のための費用。

防衛関係費 5.2％

文教・科学振興費 5.4％

公共事業関係費 6.7％

道路や港の整備などのための費用。

歳出
2020年度
102兆
6580億円

その他
9.9％

[社会保障関係費]
34.9％

国債費
22.7％

地方交付税交付金
15.2％

生活保護，社会保険などに使われる費用。

国債の返済や利子の支払いのための費用。

(2020/21年版「日本国勢図会」)

ポイント

歳入は，国債発行の増加が問題となっている。
歳出は，高齢化が進んだために [社会保障関係費] がもっとも多い。

よくでる数字としくみ図

▶ 衆議院・参議院

	衆議院	参議院
議員数	[465] 人	[245] 人
任期	[4] 年　解散あり	[6] 年　解散なし ([3] 年ごとに半数改選)
選挙権	[18] 歳以上	[18] 歳以上
被選挙権	[25] 歳以上	[30] 歳以上
選挙区	小選挙区 [289] 人 比例代表 [176] 人 　　　　　　　(11ブロック)	選挙区　[147] 人 ※ 比例代表　[98] 人

※2022年から選挙区148人，比例代表100人，計248人

ポイント

衆議院の解散が決定すると，[40] 日以内に総選挙を行う。

▶ 議案成立のための必要賛成数

法律案の議決	・本会議の出席議員の [過半数]。 ・再可決の場合，[衆議院] の出席議員の [3分の2] 以上。
憲法改正の発議	衆議院・参議院の各議院の総議員の [3分の2] 以上。

▶ 国会の種類と会期

常会 (通常国会)	・毎年 [1] 回，1月召集。 ・会期 [150] 日間。
臨時会 (臨時国会)	内閣が必要とみとめたとき，またはいずれかの議院の総議員の [4分の1] 以上の要求があったときに召集。
特別会 (特別国会)	衆議院解散後の総選挙の日から [30] 日以内に召集。

⚠注意

衆議院の解散中，緊急の必要がある時は [参議院の緊急集会] が召集される。

▶議院内閣制

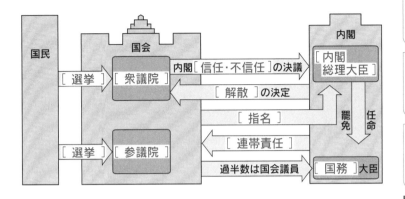

▶法律ができるまで（衆議院が先議の場合）

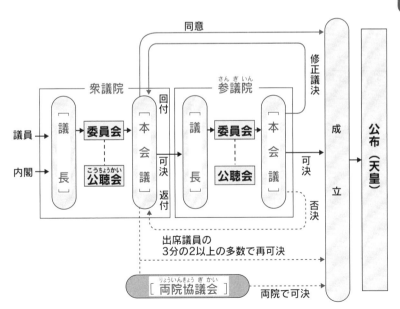

▶三権分立

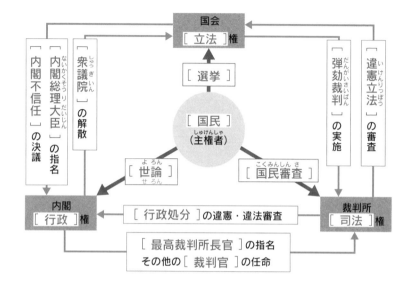

▶三審制

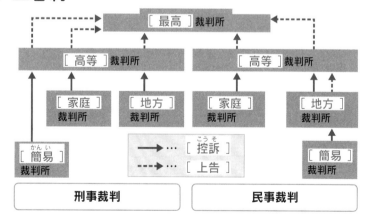

▶地方公共団体のしくみ

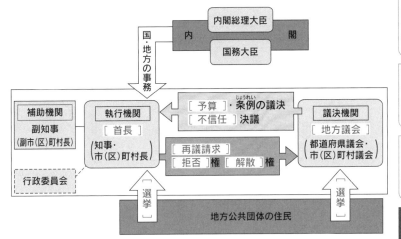

```
                          ┌─────────────────┐
                          │   内閣総理大臣   │
  国   ┌──────┐           ├─────────────────┤
  ・   │      │    内    閣    国務大臣     │
  地   │      │           └─────────────────┘
  方   │      │
  の   │      │
  事   ▼
  務
```

補助機関	執行機関	← [予算]・条例の議決	議決機関
副知事 (副市(区)町村長)	[首長] (知事・ 市(区)町村長)	[不信任]決議 → [再議請求] [拒否]権 [解散]権	[地方議会] (都道府県議会・ 市(区)町村議会)
行政委員会			

　　　　　　[選挙] ↑　　　　　　　　　　　　　　[選挙] ↑

地方公共団体の住民

> **ポイント**
> 地方自治は身近で，民主主義のあり方を学ぶことができるため，
> [[民主主義の学校]] といわれている。

▶直接請求権の内容

内容	必要署名数	請求先	請求後の手続き
議員・首長の解職 議会の解散	有権者の [3分の1] 以上 ※	選挙管理 委員会	[住民投票] で [過半数] の賛成があれば解職・解散になる
主要な職員の解職		首長	議会で3分の2以上の議員が出席したうえで，[4分の3] 以上の賛成があれば解職される
条例の制定・改廃	有権者の [50分の1] 以上		議会で表決して可否を決める
監査請求		監査委員	監査結果を請求人に通知し公表，首長や議会にも報告する

※地方公共団体によっては例外がある。

> **⚠注意**
> 解散・解職請求のほうが，多くの署名数が必要である。

▶経済の循環

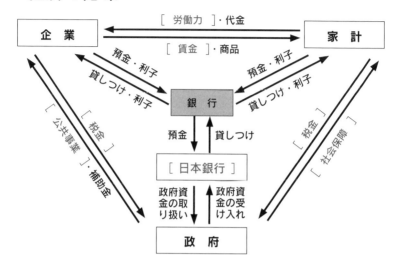

▶国際連合のしくみ

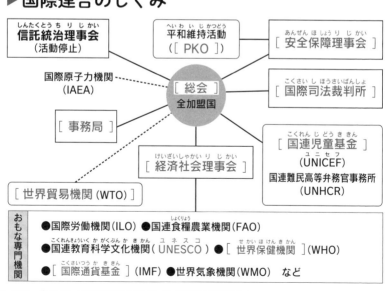

よくでる日本国憲法条文

前文	日本国民は，正当に選挙された国会における代表者を通じて行動し，われらとわれらの子孫のために，諸国民との協和による成果と，わが国全土にわたつて自由のもたらす恵沢を確保し，政府の行為によつて再び［戦争］の惨禍が起ることのないやうにすることを決意し，ここに主権が［国民］に存することを宣言し，この憲法を確定する。
第1条	【天皇の地位・国民主権】天皇は，日本国の［象徴］であり日本国民統合の象徴であつて，この地位は，主権の存する日本国民の総意に基く。
第6条	【天皇の任命権】①天皇は，［国会の指名］に基いて，内閣総理大臣を任命する。 ②天皇は，［内閣の指名］に基いて，最高裁判所の長たる裁判官を任命する。
第7条	【天皇の国事行為】天皇は，［内閣］の助言と承認により，国民のために，左の［国事］に関する行為を行ふ。
第9条	【戦争の放棄，戦力及び交戦権の否認】①日本国民は，正義と秩序を基調とする［国際平和］を誠実に希求し，国権の発動たる［戦争］と，［武力］による威嚇又は［武力］の行使は，国際紛争を解決する手段としては，永久にこれを放棄する。 ②前項の目的を達するため，陸海空軍その他の［戦力］は，これを保持しない。国の［交戦権］は，これを認めない。
第11条	【基本的人権の享有】国民は，すべての［基本的人権］の享有を妨げられない。この憲法が国民に保障する基本的人権は，侵すことのできない［永久の権利］として，現在及び将来の国民に与へられる。
第12条	【自由・権利の保持の責任とその濫用の禁止】この憲法が国民に保障する［自由］及び［権利］は，国民の不断の努力によつて，これを保持しなければならない。又，国民は，これを［濫用］してはならないのであつて，常に［公共の福祉］のためにこれを利用する責任を負ふ。
第13条	【個人の尊重】すべて国民は，［個人］として尊重される。生命，自由及び幸福追求に対する国民の権利については，［公共の福祉］に反しない限り，立法その他の国政の上で，最大の尊重を必要とする。
第14条	【法の下の平等】①すべて国民は，［法の下に平等］であつて，人種，信条，性別，社会的身分又は門地により，［政治］的，［経済］的又は［社会］的関係において，［差別］されない。
第19条	【思想及び良心の自由】［思想］及び［良心］の自由は，これを侵してはならない。
第21条	【集会・結社・表現の自由】①集会，結社及び言論，出版その他一切の［表現の自由］は，これを保障する。

第22条	【居住・移転及び職業選択の自由】①何人も，［公共の福祉］に反しない限り，居住，移転及び職業選択の自由を有する。
第23条	【学問の自由】［学問］の自由は，これを保障する。
第25条	【生存権及び社会福祉・社会保障・公衆衛生】①すべて国民は，［健康］で［文化的］な最低限度の生活を営む権利を有する。 ②国は，すべての生活部面について，［社会福祉］，［社会保障］及び［公衆衛生］の向上及び増進に努めなければならない。
第26条	【教育を受ける権利・教育の義務】①すべて国民は，法律の定めるところにより，その能力に応じて，ひとしく［教育を受ける］権利を有する。 ②すべて国民は，法律の定めるところにより，その保護する子女に［普通教育を受けさせる］義務を負ふ。［義務教育］は，これを無償とする。
第27条	【勤労の権利及び義務】①すべて国民は，［勤労］の権利を有し，義務を負ふ。
第28条	【勤労者の団結権】勤労者の［団結］する権利及び［団体交渉］その他の［団体行動］をする権利は，これを保障する。
第29条	【財産権】①財産権は，これを侵してはならない。 ②財産権の内容は，［公共の福祉］に適合するやうに，法律でこれを定める。
第30条	【納税の義務】国民は，法律の定めるところにより，［納税］の義務を負ふ。
第32条	【裁判を受ける権利】何人も，［裁判所］において［裁判］を受ける権利を奪はれない。
第41条	【国会の地位・立法権】国会は，［国権］の最高機関であつて，国の唯一の［立法］機関である。
第76条	【司法権・裁判所，裁判官の独立】①すべて［司法権］は，最高裁判所及び法律の定めるところにより設置する下級裁判所に属する。 ③すべて裁判官は，その良心に従ひ独立してその職権を行ひ，この［憲法］及び［法律］にのみ拘束される。
第96条	【憲法改正の手続，その公布】①この憲法の改正は，各議院の総議員の［3分の2］以上の賛成で，［国会］が，これを発議し，［国民］に提案してその承認を経なければならない。この承認には，特別の［国民投票］又は国会の定める選挙の際行はれる投票において，その［過半数］の賛成を必要とする。 ②憲法改正について前項の承認を経たときは，天皇は，［国民］の名で，この憲法と一体を成すものとして，直ちにこれを公布する。